Der Einsiedler von der Hallig

Auf historischen Spuren mit
Claudine Hirschmann

Der Einsiedler
von der Hallig

Hermann Hirschfeld

transkribiert, überarbeitet, ergänzt und bebildert

***

Erweiterte Ausgabe
Historisches Bucharchiv
2026

Bibliografische Information Die Deutsche National-
bibliothek verzeichnet diese Publikation in der Deutschen Nationalbibliografie; detaillierte bibliografische
Daten sind im Internet über folgende Adresse abruf-
bar: http://dnb.dnb.de

Original Verlag von Gustav Behrend. Berlin, 1873.

🛈 tredition

Impressum
© 2026 Hermann Hirschfeld, gerik *CHIRLEK*
Cover: Alexander Eckener
Beratung: Dr. Tankred Hirschmann

Verlagslabel: Historisches Bucharchiv
www.Historisches-Bucharchiv.de

Druck und Distribution im Auftrag des Autors:
tredition GmbH, Heinz-Beusen-Stieg 5
22926 Ahrensburg, Deutschland

Kontaktadresse nach
EU-Produktsicherheitsverordnung:
pub@historisches-bucharchiv.de

ISBN: 978-3-384-60935-9

Inhaltsverzeichnis

Vorbemerkung zur Neuausgabe

Das »Historische Bucharchiv« hat sich zur Aufgabe gemacht, nicht nur Literatur vergangener Jahrhunderte zu sammeln, sondern diese zusätzlich aufzubereiten und zur Verfügung zu stellen.

Mit der Reihe »Auf historischen Spuren« werden heutiger Leser eingeladen, auf Entdeckungsreise zu gehen und Bücher eigener Vorfahren kennenzulernen.

Damit der Einstieg etwas leichter fällt, enthalten die Ausgaben zusätzlich einen kurzen Einblick zur Zeit, Region oder Person sowie Bildmaterial zur Anschauung.

Sollten sich bei einer weiteren Recherche kleinere Irrtümer ergeben haben, wurden diese schonend bereinigt, um den Schreibstil des Verfassers möglichst unverändert zu lassen und den Sprachgebrauch der damaligen Zeit zu erhalten.

Ebenfalls wurden Anpassungen hinsichtlich der Orthografie vorgenommen. Denn lange Zeit schrieb man nach Gefühl oder herrschenden Meinungen und gelegentlich ein Wort innerhalb eines Text unterschiedlich. Erst im Jahre 1880 veröffentlichte Konrad Duden das erste deutsche Wörterbuch, welches sich nachfolgend als allgemein gültiges Regelwerk etablierte.

Abschließend finden sich, soweit vorhanden, jeweils Angaben zur Biografie des Verfassers, die mitunter den Kontext des Inhalts zusätzlich verdeutlichen.

Das Buch basiert auf:
Hermann Hirschfeld: Der Einsiedler von der Hallig.
Verlag von Gustav Behrend. Berlin, 1873.

Halligen der Nordsee

Durch die Erwärmung und damit verbundener Schneeschmelze stieg zum Ende der letzten Kaltzeit (vor ca. 12.000 Jahren) der Meeresspiegel um etwa 30 Meter. Dabei wurden Landflächen ins Meer gespült, Marschland, Moore und Wälder gingen unter, es folgten Aufschlickungen und Aufschwemmungen. So entstand eine Vielzahl an Halligen, die den Gezeiten, Stürmen und Strömungen ausgesetzt waren und sich somit in ihrer Größe und Form stets veränderten. Als man im 20. Jahrhundert mit Küstenschutzmaßnahmen bspw. im Sinne von Uferbefestigungen begann, waren weit über 100 der entstandenen Halligen bereits wieder verschwunden.

Trotz aller Umstände existieren heute noch 11 Halligen (10 deutsche, 1 dänische) in der Nordsee.

Abb. 1: Nordsee/Nordfriesland: Hallig Langeneß

Fluten mit gravierendem Einfluss auf Halligen:

- 1363: Zweite Marcellusflut (Grote Mandränke) (zwischen 10.000 und 100.000 Tote in Nordfriesland)

- 1634: Burchardiflut (Grote Mandränke) (zwischen 6.000 und 9.000 Tote in Nordfriesland)

- 1717: Weihnachtsflut

- 1720: Große Halligflut

- 1825: Große Halligflut (74 Tote, 230 mussten Häuser verlassen)

- 1962: Hamburg-Flut (keine Tote, keine Zerstörung an den Warften)

- 1976: Erste Januarflut (hoher Wasserstand, keine genannten Zerstörungen)

- 1976: Zweite Januarflut (Große Zerstörung an den Steindecken und Warftböschungen)

Abb. 2: Sturmflut

Heute noch bestehende Halligen (Stand: 2023)

Hallig: Langeneß
  Warften: 18 (Bandix-, Christians-, Honkens-, Ketels-, Kirchhofs-, Kirch-, Hunnens-, Mayens-, Neu-, Peterhaitz-, Peters-, Rix-, Tadens-, Tamens-, Hilligenley, Norder-, Süderhörn, Treuberg)
  Bevölkerung: 121
  Fläche: 9,56 km²

Hallig: Hooge
  Warften: 10 (Backens-, Hans-, Ipkens-, Kirch-, Lorenz-, Ockelütz-, Ockens-, Volkerts-, Westerwarft, Mitteltritt)
  Bevölkerung: 116
  Fläche: 5,78 km²

Hallig: Gröde
  Warften: 2 (Knudts-, Kirchwarft)
  Bevölkerung: 11
  Fläche: 2,5 km²

Hallig: Oland
  Warften: 1 (Olandwarft)
  Bevölkerung: 24
  Fläche: 2,01 km²

Hallig: Nordstrandischmoor
  Warften: 4 (Amalien-,
  Halberweg-, Neu-, Norderwarft)
  Bevölkerung: 23
  Fläche: 1,9 km²

Hamburger Hallig
  Warften: 3 (Hauptwarft, Kuh-, Schafberg)
  Bevölkerung: 0
  Fläche: 1,1 km²

Hallig: Süderoog
  Warften: 1
  Bevölkerung: 4
  Fläche: 0,06 km²
  Anmerkung: Naturschutzgebiet, Zutritt nur
  mit Sondergenehmigung

Hallig: Südfall
  Warften: 1
  Bevölkerung: 2 (im Sommerhalbjahr)
  Fläche: 0,5 km²
  Anmerkung: Naturschutzgebiet, Zutritt nur
  nach Anmeldung

Hallig: Norderoog
  Warften: 0
  Bevölkerung: 0
  Fläche: 0,09 km²
  Anmerkung: Naturschutzgebiet, Zutritt nur im
  Rahmen von Führungen erlaubt

Hallig: Habel
Warften: 1 (Norderwarft)
Bevölkerung: 0
Fläche: 0,06 km²
Anmerkung: Naturschutzgebiet, Zutritt nicht
gestattet

Hallig: Langli (Dänemark)
Warften: 1
Bevölkerung: 0
Fläche: 0,08 km²
Anmerkung: Naturschutzgebiet, Zutritt nur
Juli bis September

Abb. 3: Hallig Hooge

Nicht mehr bestehende Halligen:

- Südhörn → abgetragen

- Nordtoft → abgetragen

- Nordmark → abgetragen

- Lundingland → abgetragen

- Hasenhallig → gehört jetzt zu Stedesand

- Gaikenbüller Hallig → gehört jetzt zu Nordstrand

- de Wisch → abgetragen

- 1999: Jordsand überflutet → ist jetzt eine Sandbank

- 1937: Mandø → bedeicht

- 1936: Finckhaushallig → Teil des Finkhaushalligkoogs

- 1924: Pohnshallig → in Pohnshalligkoog integriert

- 1920: Lehnshallig → in Gotteskoog integriert

- 1920: Kophallig → in Wiedingharder Gotteskoog integriert

- 1920: Hadersbüllhallig → in Gotteskoog integriert

- 1920: Großhallig → in Wiedingharder Gotteskoog integriert

- 1903: Pieckhallig → in Cecilienkoog (Gemeinde Reußenköge) integriert

- 1903: Meedhallig (Medhallig) → in Cecilienkoog (Gemeinde Reußenköge) integriert

- 1900: Appelland → mit Gröde zusammengewachsen, jetzt Appelland-Gröde

- 1890: Beenshallig → verschwunden.

- 1869: Nordmarsch → mit Langeneß zusammengewachsen

- 1869: Butwehl → mit Langeneß zusammengewachsen

- 1866: Hadersbüllhallig, wurde in Gotteskoog integriert

- 1860: Hainshallig (auch Hayenshallig) → abgetragen

- 1858: Schäferhallig (befestigt und bewohnt) → in Herrenkoog integriert

- 1858: Kleine Hallig (unbewohnt) → in Herrenkoog integriert

- 1858: Große Hallig (unbewohnt) → in Herrenkoog integriert

- 1850: Christianshallig (unbewohnt) → vom Vorland des Marienkoogs eingeschlossen

- 1825: Südfall → aufgegeben, Nielandt heißt jetzt Südfall

- 1825: Oselichshallig → verschwunden

- 1825: Nielandt → heißt jetzt Südfall, ehemalige Südfall-Bewohner siedelten um

- 1825: Galmsbüll (zuletzt unbewohnt) → bei Halligflut 1825 untergegangen

- 1756: Moderhallig → abgetragen

- 1756: Harmelfshallig → abgetragen

- 1711: Hingstneß → letztmalig erwähnt

- 1704: Tefkebüll → in den neuen Christian-Albrechts-Koog integriert

- 1703: Dagebüll → erhielt Sommerdeich, würde später Festland

- 1686: Fahretoft → eingedeicht

- 1682: Waygaard → in den alten Christian-Albrechts-Koog integriert

- 1682: Grotesand in den alten Christian-Albrechts-Koog integriert

- 1666: Lehnshallig → in Gotteskoog integriert

- 1634: Silboll (unbewohnt) → verschwunden

- 1634: Nübell oder Nubel (unbewohnt) → untergegangen

- 1634: Herst oder Horst (unbewohnt) → verschwunden

- 1634: Gardsland (unbewohnt) → verschwunden

- 1634: Ebland (unbewohnt) → verschwunden

- 1597: Trentham (oder Tretzhalg) → verschwunden

- 1597: Audtshallig (oder Autzham) → verschwunden

- 1570: Herr(e)nhallig → bedeicht

- 1565: Obbenshalligen → in Deich des Obbenskoogs integriert

- 1515: Ockholm → erhielt Sommerdeich, wurde später Festland

Abb. 4: Sandbank

Novelle

Kapitel 1

»Alle Segel auf! Lappen bei!« Das Heulen des Windes, das Wogengebraus der empörten Nordsee, auf deren Wellenkämmen das schmucke Schiff die ›Iduna‹, in einer Herbstnacht des Jahres 1838 turmhoch, turmnieder geschleudert wurde, wie ein Spielzug in den Händen mutwilliger Riesen, übertönte stoßweise die durch das Sprachrohr verstärkte Stimme des Kapitäns, und im stummen Gehorsam erfüllten die Matrosen ihre Pflicht. Kein unnötiger Ruf, kein Laut des Bewusstseins der drohenden Gefahr wurde hörbar. Vorwärts blickten die Augen der Mannschaft und aufwärts zu den Masten, die unter der Last der geblähten Segel, die der Sturm zu zerfetzen drohte, ächzten und sich beugten, tiefer, immer tiefer und dann sich empor hoben zum nächtlichen Himmel, an dem sich die schwarzen Wolken jagten in gespenstigem Reigen.

Die kühnen Männer, die mutig den Gefahren des Ozeans trotzten, erkannten sehr wohl, dass ihnen weit größere Gefahr als auf offenem Meer hier in jener Strecke der Nordsee entgegengähnte, die Schleswig westliche Küste bespült. Zahllose Fahrzeuge strandeten dort bereits, wenn es ihnen in stürmischer Nacht nicht gelang, einen geschützten Ankerplatz zu erreichen, oder wenn die Wut des empörten Elements sie gegen eine der größeren oder kleineren Inseln, die sich an jenem Punkt befinden, schleuderte.

»Hallo!«, tönte jetzt eine kräftige Stimme vom Steuer her, »ich glaube die Warft des Einsiedlers auf der Hallig zu erkennen. Frisch Burschen! Gott mit uns! Wenn nur die Masten halten. Was wollen Sie auf Deck, Herr Baron?«, unterbrach er sich selbst in ziemlich rauem Ton, »Hier ist kein Platz für Sie!«

Dieser Zuruf galt einem jungen, schlanken, in einen dicken Rock gehüllten Mann mit blonden Haaren, der die Treppe, die von der Kajüte auf das Deck führte, emporgeschwankt war und sich mühsam, an jeden Gegenstand sich festklammernd, bis zum Steuermann vorgearbeitet hatte.

»Niels, ich ersticke unten! Auch sendet mich die junge Dame, Frau Bernheim ist in Todesangst. Sie gelten als der Besonnenste der ganzen Mannschaft, von Ihnen will ich es hören: Sind wir in Gefahr, in Lebensgefahr?«

»Wenn die Masten halten und Gott uns nicht verlässt, dann nein!«, entgegnete der junge Steuermann, »Es wäre wohl schrecklich für den vornehmen Herrn, dahinzufahren und sich den Tod im Salzwasser trinken zu müssen und all die Herrlichkeiten der Residenz hinter sich zu lassen.«

Der Baron, der sich an der Ankerwinde angeklammert hielt, schüttelte sich, war es vor Frost, war es vor den vom Seemann angeregten Gedanken. »Aber Frau Bernheim!«, rief er alsdann dumpf.

»Ich habe auch ein feines Liebchen auf der Hallig«, erwiderte der Steuermann, »das für mich beten wird, dem ich treu blieb, obgleich ich seit zwei Jahren sie und die Heimat nicht gesehen. Achtung, Herr, da kommt eine Sturzwelle!«

Der Baron klammerte sich mechanisch fester an, um der Gewalt des Wassers zu entgehen, das für einen Moment das Schiff überflutete und ihm trotz des dicken Überrockes, bis auf die Haut durchnässte.

Immer dunkler wurde die Nacht, immer wilder der Sturm. Steuermann und Passagier waren verstummt, dahin flog das Schiff, von kundiger Hand geführt, durch die Wellenberge, stärker ächzten die auf das Höchste angespannten Maste.

Wie stöhnte, wie klagte das in seinen Fugen krachende Schiff durch das Geheul des Sturmes. War es sein eigenes Grablied, das schaurig wie von Dämonen angestimmt, ertönte?

»Alle Beile zur Hand!«, schallte schrill des Kapitäns Stentorstimme plötzlich, »Kappt! Um Gottes Willen, Jungen, kappt!«

Der ihnen drohenden, äußersten Gefahr gewärtig, waren die Matrosen auf das Kommando vorbereitet. Krach – krach, und hernieder stürzte die Takelage mit den geblähten Segeln, halb auf das Hinterdeck, halb in das Meer. Aber noch ehe die Schwere des Teils, den sich die Wogen zum Opfer erkoren, das Fahrzeug nach sich zu ziehen vermochte, blinkten Äxte und Beile durch die Nacht, das Holzwerk war bis auf die Stumpfen mit mächtiger Wucht durchschnitten, und das ganze Segelwerk trieb schlapp, ein gedemütigter Feind, auf den Meereswogen, die grollend ob der ihnen für jetzt noch entgangenen, besseren Beute das Schiff hoch empor schleuderten als ein elendes der Gewalt der Stürme preisgegebenes Wrack.

In diesem Augenblick stürzte eine junge Dame auf das Verdeck. Man konnte sie für ein Mädchen halten, wenn man nicht gewusst, dass Lydia Bernheim, obwohl erst im einundzwanzigsten Jahr stehend, bereits seit zwei Sommern Witwe eines bedeutend älteren Gatten war, der ihr und dem einzigen Sohn der kurzen Ehe ein beträchtliches Vermögen hinterlassen hatte.

Ein schwarzer, pelzgefütterter Samtmantel umhüllte die zarte Gestalt, die, des rauen Regens nicht achtend, das Haupt mit den dunkelblonden, entfesselten Haaren unbedeckt trug. Sie war schön und erschien im gegenwärtigen Moment so wunderbar ergreifend seltsam, dass die ihr nahestehenden Seeleute, die sie zu erkennen vermochten, bei ihrem Anschauen fast der eigenen Gefahr vergaßen.

»Müssen wir sterben?«, rief sie angstvoll, die Hände zum Himmel erhebend, »müssen wir hier elend zu Grunde gehen?«

Der Kapitän hatte, vereint mit dem Steuermann, einen Entschluss gefasst.

»Die Schaluppe ist vom Mast zerschmettert«, tönte sein Kommando.

»Boot nieder! Zwei Mann vor! Passagiere vom Schiff!«

»Um Gotteswillen!«, rief die Witwe, des Barons Arm umklammernd, »Wir sollen fort vom Schiff? Dem Meer uns anvertrauen in leichtem, zerbrechlichen Kahn? Das wäre mehr als Wahnsinn, das wäre frivol!«

»Und hierbleiben Tod!«, entgegnete der junge Mann düster. »Der Steuermann kennt das Wasser,

24

es ist möglich, dass er uns zu einer der Halligen bringt. Es bleibt uns kein anderes Mittel zur Rettung gnädige Frau.«

»Baron, ich bin noch so jung!«

»Deshalb weisen Sie das letzte Mittel zur Rettung Ihres Lebens nicht zurück.«

»So sei es gewagt!«

»Passagiere in die Jolle!«, befahl der Kapitän dringender.

Glücklicherweise waren der Baron von Waldenow und Lydia Bernheim, beide von Husum kommend, die einzigen Passagiere der »Iduna.«

Abb. 5: Husum

Mit Gewandtheit hatte, von zwei Matrosen gefolgt, Niels, der Steuermann, die Jolle bestiegen, die vom

Spiegel des Schiffes niedergelassen war. Auf und nieder flog das leichte Fahrzeug und so oft sich des Barons Fuß hob, den verhängnisvollen Sprung zu wagen, schleuderte eine Welle in demselben Augenblick das Boot weit von der Stelle, die es nur mit Kampf und Mühe wieder erreichte, und war es den mutigen Führern gelungen, die Jolle bis an die Schiffswand zu bringen, so lähmte die Furcht den Schritt der vornehmen Leute.

Der Kapitän machte dem Zaudern ein Ende. Er warf um Lydias zarte Gestalt ein Seil, einer der Matrosen folgte bei dem willenlosen Baron diesem Beispiel, und schon im nächsten Augenblick fühlten sich beide Passagiere niedergelassen und in der Jolle geborgen.

»Ahoi«, tönte es zu dem Schiff empor.

Die Seile wurden hinaufgezogen.

»Mit Gott! Gedenkt unser!«, rief es durch Nacht und Sturm, und dahin flog das leichte Boot, trug es zum Leben oder zum Verderben? Die Ruderer selbst wussten es nicht, nicht einmal Niels, der abermals das Steuer übernommen hatte und die Richtung nur in der Dunkelheit inmitten der Wasserberge zu ahnen vermochte. Mehr als eine Stunde verstrich so in der Angst der Zweifel. Am Boden der Jolle saßen der Baron und Lydia, von den fortwährend das elende Fahrzeug überstürzenden Wellen durchnässt. Die Blicke der Passagiere starrten auf den Steuermann, der ihre ängstlichen Fragen durch Schweigen abgewiesen hatte. Plötzlich wurde der Schlag der Wellen kürzer, ein schmaler Streif hohler gehender Wogen bot sich Niels auf das Äußerste angespannten Blicken dar.

»Eine Einfahrt. Gott sei gelobt!«, rief des Steuermanns Stimme, es war das erste Mal, dass ein Wort außer den unumgänglich notwendigen des Kommandos aus seinem Mund ertönte. »Nicht mehr verzagen vorwärts Jungen!«

Hastiger griffen die bis zum Tod erschöpften Ruderer aus, die Hoffnung auf Rettung elektrisierte und stählte von Neuem ihre Sehnen.

»Sind wir der Gefahr entronnen?«, wagte der Baron schüchtern die Frage.

»Wenn der Leute Kraft nicht erlahmt, wenn wir so rasch vorwärts können als der Wogenschwall uns wieder zurückwirft, ja«, lautete die Antwort. »Wir sind an der Einfahrt zu einer Halligwarft und dort, ja, das ist ein Licht, das Haus des Einsiedlers, frisch, Jungen! Wir sind gerettet, man bringt uns Hilfe!«

Eine von der Wellenströmung unterstützte Wendung des Bootes wurde ausgeführt, und plötzlich verstummte das Brausen des Windes. Wie aus weiter Ferne drang sein Stürmen an das Ohr der Leute im Boot, und die Wogen, die eben noch unbändig dräuenden, die ein stolzes Schiff der Vernichtung geweiht hatten, kräuselten sich sanft und schmeichelnd um den Kiel der Jolle, als bäten sie um Verzeihung.

Und nun flimmerten Lichter über den Häuptern der Bootfahrer. Das nahe Land zeichnete sich deutlicher ab und man gewahrte ein paar Gestalten am festen Strand.

»Anker!«, tönte Niels' Stimme.

Der kleine Hacken flog ins Wasser und saß fest. Jetzt zog der Steuermann ein Tau durch den Ring der Jolle, dass er um den Leib schlang, dann ergriff er die Bootsstange und mit mächtigem Satz sprang er vorwärts in die Dunkelheit, dass Lydia unwillkürlich einen Angstruf ausstieß. Aber schon nach wenigen Minuten fühlte sie den Nachen von starker Hand näher zum Strand gezogen, über sich erkannte sie das freundlich schimmernde Licht eines Hauses, und nun klang eine wohlklingende, sonore Männerstimme an das Ohr der Geretteten.

»Bretter her! Und du, Dagobert, sorge, dass Ursel ein bequemes Zimmer herrichtet und Tee und Grog bereithält. Näher, näher, Freunde! Gott hat Euch wunderbar beschützt.«

Man hörte Bretter werfen, und schon im nächsten Augenblick erschien eine Männergestalt, vom Licht der hellbrennenden Laterne in seiner Hand beleuchtet, auf dem schwanken Steg.

»Der Einsiedler von der Hallig!«, flüsterte einer der Matrosen Lydia zu.

»Der Einsiedler!«, wiederholte sie. Kaum der Todesgefahr entronnen, regte sich die schwache Seite des Weibes schon in ihr, die Neugier. Der Einsiedler von der Hallig konnte nur ein lebensmüder, welker Greis mit weißen Haaren sein. Sie erhob sich und streckte die Hand aus, um die ihr vom Einsiedler dargebotene zu erlassen. Fast aber zauderte ihr Fuß, als sie dem Mann ins Antlitz sah. Es stand ein Dreißiger, eine edle, hohe Gestalt vor ihr, die ein dunkler, talararig Rock umhüllte. Aus dem bleichen, von einem kohlrabenschwarzen Bart umrahmten, Antlitz mit einer Nase, deren Form an die Linien klassischer Zeit erinnerte, leuchteten ein Paar dunkle Augen, und wie ein harmonischer, nie gehörter Klang, drang der Ton feiner Stimme an ihr Herz.

»Folgen Sie mir getrost, meine Dame. Sie sind gerettet, und auch Sie, mein Herr«, wandte er sich an den Baron. »Nehmen Sie mit der dürftigen, aber gern dargebotenen Gastlichkeit eines Halligbewohners fürlieb.«

Er ergriff Lydias Hand und geleitete sie über den schwankenden Steg, ihr folgte der Baron von Waldenow, dann ein Matrose nach dem andern. Mit unwiderstehlicher Macht ergoss sich das süße Gefühl, geborgen zu sein, durch der Geretteten Brust. Der Nachen ankerte neben einer Warft, deren halbe Höhe von den Fluten bedeckt war. Ein kleines Wohngebäude lag oberhalb.« Dieses Gebäude, dessen Pfosten tief in den Erdhügel der Warft reichten, durfte man nur eine ziemlich geräumige Hütte nennen, der, soviel sich in der Dunkelheit erkennen ließ, keine Nachbarwohnungen zur Seite lagen. Ein schmaler Gang führte von der aufsteigenden Höhe ins Innere.

Der Halligbewohner lächelte unmerklich, als er sowohl den Baron als auch Lydia beim Eintreten ihre Kleider glattstreichen sah: Die Residenzbewohner verleugneten sich auch hier in dieser Stunde der Angst und Rettung nicht. Aber dennoch überkam das ganze Bewusstsein ihrer Lage jetzt Lydias Seele, als sich die Tür des Zimmers öffnete, behagliche Wärme ihr entgegendrang, das milde, trauliche Licht einer schlichten Kuppellampe sie begrüßte. Die über ihre Kräfte angespannten Nerven versagten der Dame den Dienst, und, einer Ohnmacht nahe, sank ihr Haupt an des sie führenden Wirtes Schulter.

Zum ersten Mal blickte dieser in das Antlitz der Geretteten, das totenblass, aber eben darum doppelt lieblich erschien. Wie das Zucken eines elektrischen Strahles flog bei ihrem Anschauen durch seine ernsten Mienen, und starr haftete sein Blick auf ihr, als er, sorgsam wie ein Bruder, die leidende Lydia mit Hilfe der Magd auf, die mit bunten Kissen belegte Bank bettete und ihr, warmen Tee einflößte, der sie neu zu beleben nicht verfehlte.

Unterdes hatte sich Herr von Waldenow, dessen zarte Körperkonstitution den Gefahren der letzten verflossenen Stunden besser getrotzt hatte, als er selber vermeint, einen prüfenden Blick ins Zimmer des Hausherrn geworfen, der seiner Erscheinung und seiner Rede nach den gebildetsten Ständen angehörte und, wer weiß wie, hierher verschlagen war auf dies einsame, wogenumschwellte Eiland. Die Stube war klein und niedrig aber die höchste Reinlichkeit herrschte darin. Die Wände und das Holzwerk unter den Fenstern mit kleinen, in Blei gefassten Scheiben hatte man, nach der Sitte des Landes, rot und blau bemalt, die schwere, eichene Lade mit Messing beschlagen, die Stühle und der Tisch vor der Bank waren von ungefärbtem Holz. Desto stärker kontrastierte ein Piano in einer Ecke des Gemaches und darüber, auf Regalen angebracht, eine Sammlung Bücher.

Niels und die Matrosen hatten sich, der Strapazen und des Unwetters gewohnt, zuvörderst in der kleinen Küche des Hauses gestärkt, jetzt traten sie ins Zimmer.

»Wir gehen«, nahm der Steuermann das Wort, »vielleicht finden wir Leute, die, vereint mit uns, dem Schiff Rettung bringen, wenn diese möglich. Der brave Kapitän hat es um uns verdient.«

»So recht, Niels, denn ich erkenne dich wohl, obschon Jahre verstrichen, seit ich dich nicht gesehen. Menschen retten wollen, heißt nicht Gott versuchen. Ich schließe mich Euch an!«

Lydia fuhr empor, ihr Antlitz nahm den Ausdruck höchster, beinahe fieberhafter Angst an.«

»Nicht hinaus!«, rief sie, »Nicht auf die wilde, entsetzliche See, wer soll mich hier schützen, wer für mich sorgen hier, wo alles wüst und elend? Wenn Sie mich verlassen, es wäre mein Tod!«

»Meine Dame, die Pflicht gebeut, ich lasse Sie in guter Hut. Sollte mir etwas Menschliches begegnen, die Halligbewohner sind brave Leute, und hier der Herr, Ihr Begleiter, vielleicht Ihr Gemahl. . .«

Fast rau und zögernd glitt dies Wort über seine Lippen.

Lydia unterbrach ihn hastig.

»Der Herr Baron von Waldenow ist mir in keiner Weise verwandt. Bewohner der Residenz B., wo ich als Witwe lebte, trafen wir uns auf einem Ausflug nach Kopenhagen, den ich mit einer älteren Begleiterin unternahm. Leider musste ich diese in Husum krank bei Verwandten zurücklassen, um allein in meine Heimat zurückzukehren. Auf dem Schiff fand sich auch zufällig Herr von Waldenow ein, der, wie ich, nach Hamburg wollte. Bis dorthin vertraute ich mich seinem Schutz an.«

Abb. 6: Kopenhagen, Advertisement for Hotel Løven

Ein Strahl der Freude überflog das ernste, beinahe leidend aussehende Antlitz des Halligbewohners bei den Worten Lydias, und sein Auge blickte fast freundlich auf den Baron, um den er bisher, mit der Sorge für seine Schutzbefohlene beschäftigt, sich wenig gekümmert hatte.

»Und doch muss ich fort, gnädige Frau«, sagte er, sich sanft von Lydias Hand befreiend, die in nervöser Aufregung, die seine umklammert hielt, »der Menschenhilfe ist mein Dasein geweiht. Ihnen und auch dem Herrn Baron«, fuhr er höflich zu Waldenow gewendet fort, »stelle ich mein armes, kleines Haus zur freiesten Verfügung. Betrachten Sie sich als Herren desselben.«

Er hatte diese Worte kaum vollendet, als draußen auf dem Flur Stimmen durcheinander ertönten, und im nächsten Augenblick mehrere Personen im Zimmer erschienen. Es waren Bewohner der Hallig, straffe, wettergebräunte Männergestalten, auch zwei Frauen. Die eine der Letzteren, ein junges Mädchen mit blonden Haaren und blauen Augen, kontrastierte durch edle Zartheit gegen die Genossen, und ein Fremder zweifelte, dass die Halligen ihre Heimat seien.

»Der alte Vater Gottbert weckte uns«, nahm einer von den Männern das Wort, »er sagte uns, dass Niels von der »Iduna« sich, ein Schiffbrüchiger, mit zwei Passagieren und zwei Mann hierher gerettet, wir wollten die Stadtleute willkommen heißen. Auch Hella ist mitgekommen, ihren Niels zu begrüßen und der fremden Dame beizustehen. Das Schiff selbst ist gestrandet. Am jenseitigen Ufer der Hallig liegt das Wrack, zwei Leichen spülten die Wogen in den Schlamm. Gott sei ihren Seelen gnädig! Ehre und preis ihm, der gnädig seine Hand hielt über euch, Amen!«

»Amen!«, tönte es rings umher im Kreis Wehmut und Freude mischten sich in den Ton. Der Baron und Lydia neigten ergriffen das Haupt.

Der junge Steuermann Niels, eine kräftige Gestalt am Anfang der zwanziger Jahre, war der Erste, der die Stille brach. »Ja, Gott die Ehre!«, rief er, die Hände des jungen Mädchens erfassend, das der Mann Hella genannt hatte, »führte er mich doch zu meinem Lieb, dass ich es wiedersehen solle und heimführen, nach dem Spruch, den unsere Väter einander getan, da wir noch Kinder waren, zum heiligen Altar. Gelt, Hella, du bist mir treu geblieben und freust dich des Heimgekehrten, der nun kommt mit Brautschleier und Myrtenstrauß?«

Ein Lächeln überflog das Antlitz der Jungfrau. Es sollte freundlich, ermutigend für den sich ihr so herzlich Nahenden sein, aber es war wie ein Lächeln der Sonne im November, die so gern den Fluren noch einmal Licht und Wärme spenden möchte, und es doch nimmermehr vermag.

»Ich ehre unserer Väter Spruch. Ich denke an dich, du treuer Freund aus der Kinderzeit und preise Gott aus vollem Herzen, dass er dich heimgeführt. Doch verzeih!«, unterbrach sie sich, sanft ihre Hände aus denen Niels' lösend, »mich sendet die Mutter, christliche Pflicht zu erfüllen.« Und zu Lydia tretend, die, von schützender Decke umhüllt, auf der Bank ruhte, und deren vorhin so bleiches Antlitz, wie im Fieber gerötet war, fuhr sie fort: »Gnädige Frau, wohl wissen wir, dass das Haus des guten Herrn Barfeld alles zu gewähren vermag, was diese arme Insel bietet, er ist ja unserer aller Vorsehung in Krankheit und Gefahr. Allein wenn Sie weiblichen Beistandes bedürfen, verschmähen Sie den meinen nicht, ich bitte Sie darum.«

Lydias brennende Hand presste die Finger Hellas. »Du braves Kind, ich danke dir, wie wohl tut mir die Liebe guter Menschen, eine Liebe, die ich kaum geahnt. Mir ist so seltsam zu Mute, als ob eine schwere Krankheit mir drohte, doch wer bist du?«

Niels antwortete statt der Gefragten. »Sie nennt sich Hella Martensen, Madame. Ihre Mutter war Erzieherin bei einem reichen Hamburger Kaufmann, der mit seinem Schiff häufig an unsere Hallig anlegte, deren Prediger sein Schulfreund war. Einst brachte er seine kleine Tochter und ihre Gouvernante mit. Der Bruder des Pastors, ein Kapitän, verliebte sich in die Erzieherin. Auch sie ließ ihr Herz hier, und ich glaube, obwohl sie später Witwe wurde, sie hat es nie bereut, gelt, Hella?«

34

Das junge Mädchen neigte das Haupt. Der Baron, der ihr zur Seite saß und kein Auge von ihr wandte, glaubte einen leichten Seufzer zu vernehmen.

»Wir wuchsen miteinander auf, die Hella und ich«, fuhr Niels in seiner Rede fort, »und früh verlobte, wie es Sitte hier zu Land ist, uns der Väter Spruch, werde nun Kapitän dieses Jahr, und gut soll es mein Weib haben, wie keine auf der Hallig.«

»Du bist ein braver Bursche. Niels, doch jetzt, da wir den Armen vom Schiff nicht zu helfen vermögen, lasst uns für die Geretteten sorgen«, nahm Barfeld das Wort. »Sie, gnädige Frau, lasse ich unter Hellas Obhut in diesem Zimmer. Sie wird Ihnen gern ihren Sonntagsstaat leihen, um Sie von Ihren feuchten Kleidern zu befreien. Ich werde sogleich danach senden. Der Herr Baron wird mein Schlafzimmer mit mir teilen, wo sich auch für ihn ein Anzug finden wird. Vorläufig aber erquicken Sie sich durch eine Tasse heißen Tee, und dann zur Ruhe.«

Die bäuerlich gekleidete Magd brachte eben das dampfende Getränk in irdenen Schalen. Barfeld nahm ihr eine derselben ab und bot sie der Witwe dar. Die Augen der beiden begegneten sich. Vor des Einsiedlers glühendem Blick schlug Lydia den ihren zu Boden. Es lag etwas so Sonderbares, Rätselhaftes in den Augen des eigentümlichen Mannes.

Mittlerweile hatte sich der Baron Waldenow dem Mädchen von der Hallig genähert. »Hella heißest du, mein schönes Kind?«, fragte er, und der Ton seiner sonst ziemlich herrisch klingenden Stimme war milde und weich, »ist es dir nicht zu einsam, lebenslang an dieses wüste Eiland gebannt zu sein?«

Die Angeredete schlug ihre blauen Augen zu dem Fragenden empor. »Meine Mutter lebt hier seit fünfundzwanzig Jahren«, sagte sie, »und hat doch manche Menschen und Städte gesehen. Ich kenne wenig mehr als diese Stätte. Das ist eben unser Geschick.«

»Und möchtest du nicht auch Welt und Menschen sehen?«, fuhr der Baron fort, »wünschst du niemals die Genüsse einer großen Stadt kennenzulernen? Weißt du, dass du zu schön und zu hold bist, auf diesem Fleck Erde zu verkümmern?«

Niels hatte mit dem Ohr der Eifersucht das kurze Gespräch behorcht. Jetzt trat er zu Hella und schnitt dadurch die Antwort des jungen Mädchens ab.

»Ich gehe zu deiner Mutter, die Kleider für die Dame zu holen«, sagte er. »Alsdann suche ich meine Hütte auf, denn auch mich verlangt es nach Ruhe. Es wird mir dort recht einsam vorkommen. Hella, aber ich werde von dir träumen. Gute Nacht mein Mädchen«, und er neigte sich flüsternd zu ihrem Ohr, »nicht wahr, das zimperliche Herrchen ist ein Laffe?«

Hella erhob ihre Augen zu Waldenow, dessen feines, aristokratisches Antlitz eben dem Herrn des Hauses zugewandt war, dann ließ sie ihre Blicke auf Niels' gutmütigen, aber ziemlich plumpen Zügen ruhen. Der Vergleich musste notwendig zum Nachteil des armen Burschen ausfallen. Sie wandte sich schweigend ab.

Eine halbe Stunde später herrschte tiefe Stille in dem kleinen Haus auf der Warft. In fieberhaftem Schlummer atmete Lydia. Zu ihren Füßen hatte Hella sich ein Lager bereitet, und in der Kammer des Hausbesitzers ruhte der Baron von Waldenow in tiefem, schwerem Schlaf, dessen Traumbilder ihm ein liebliches Mädchenantlitz vor die Seele führten, das zu ihm aufschaute und dessen Mund flüsterte: »Lass mich hier nicht verkümmern, hier muss ich vergehen in ungefülltem Sehnen.«

Draußen aber auf der kleinen Warft stand Leo Barfeld, den die Matrosen den »Einsiedler der Hallig« genannt hatten.

Der Sturm hatte sich gelegt. Am Himmel färbten sich die Wolken lichter, und schüchtern wagte sich hin und wieder ein Sternlein durch die dichten Massen, als wolle es den Leichen da unten im tiefen Meeresgrund zuglänzen und sie emporwinken zu schöneren Höhen.

Aus der Ferne wogte und schäumte, wenn auch beruhigter, noch immer das Meer. So flutete es in wildem Chaos durch des einsamen Mannes Seele.

»Gott, Allmächtiger Gott«, sagte er halb laut, und fast schaurig klang es durch die nächtliche, nur von dem Lärm der Elemente unterbrochene Stille, »nur diese Prüfung nimm von mir. Ich glaubte meine Leidenschaften tot, erstickt in den sechs Jahren der Einsamkeit, die ich mir als Buße auferlegt, und nun spricht mein Herz mit unwiderstehlicher Macht. Nun zieht mich ein unseliges Verhängnis zu jener Frau hin, die in ihrem Antlitz eine Spur seiner Züge trägt, meines Hermanns Züge, des durch mich Geopferten. Nie zog bisher die Liebe in meine Seele, selbst den Hass gegen Waldenow von Herbach glaubte ich im stillen Frieden dieses Eilands verlernt zu haben, und plötzlich kommt eine Stunde, eine einzige, und wirft mich mitleidslos in den Strudel wallender Gefühle. Ein Dasein der Buße wollte ich einer unfreiwilligen, unheilvollen Tat weihen, und du, unversöhnter, blutiger Geist des lang Beweinten, ist dein Fluch noch nicht gelöst? Begehrst du, dass ich dir noch mehr der Opfer bringe?«

Er hielt inne, als warte er auf Antwort, aber nur die Woge brandete zu seinen Füßen, und kreischend flatterte ein Nachtvogel über seinem Haupt dahin.

Noch einen langen Blick warf er auf das schwach erhellte Fenster des Erdgeschosses, worin er die Gerettete unter Hellas Obhut wusste. »Lydia!«, flüsterten fast zagend seine Lippen. Dann schritt er geräuschlos die Stiegen empor und betrat sein Schlafgemach, wo in der Nähe des Barons, dem er sein Bett eingeräumt hatte, für ihn selbst ein einfaches Lager aufgeschlagen war.

Abb. 7: Hallig Hooge

Kapitel 2

Die milden Strahlen der Nachmittagssonne leuchteten acht Tage nach den eben geschilderten Ereignissen in das Wohnstübchen des Hauses, das die Witwe Martensen mit ihrer Tochter Hella bewohnte. Die gleiche, zu den kräftigen Gestalten der Inselfrauen wenig passende Zartheit der Tochter, zeichnete auch die Mutter, die vormalige Gouvernante aus, deren Antlitz, trotz ihrer fünfzig Jahre, die Spuren ehemaliger Schönheit trug, wenn auch das einst blonde Haar frühzeitig völlig ergraut war, und ein grüner Schirm die leidenden Augen bedeckte. Das junge Mädchen saß soeben am Spinnrad, ihr Auge schweifte träumend hinaus auf das blaue Meer, und ihr Mund summte, vielleicht ihr selber kaum bewusst, die einfache Weise eines Inselliedes. Die Mutter ruhte im Lehnstuhl, die trüben Augen überflogen das bleiche Antlitz ihres Kindes, und immer mehr trat ein Zug der Traurigkeit in die Mienen der Mutter, immer tiefer wurden die Furchen zu beiden Seiten des Mundes.

»So nachdenklich, mein Kind?«, fragte sie plötzlich mit ihrer milden Stimme, »geht dir die Abreise deiner jungen vornehmen Gönnerin nahe?«

Hella blickte von ihrer Arbeit auf. »Ich weiß einen, Mutter, dem es näher geht«, erwiderte sie. »Du hättest den armen Herrn Barfeld sehen sollen, wie ihm der fremden, schönen Dame Krankheit ins Herz schnitt. Kein Bruder kann sorgsamer ob der Schwester wachen. Sie sagte es selber, dass die Tränke, die er ihr bereitet, sie vom schweren Fieber gerettet. Er selbst aber war es allerdings, der auf ihre Abreise mit dem Schiff drang, das morgen hier vorübersegelt. Er behauptet, die Luft sei hier für die Genesende zu scharf. Aber dabei sprach der Schmerz, die Fremde zu verlieren, aus jedem seiner Worte, und als sie in die Abreise einwilligte, kämpfte er unverkennbar mit einem tiefen Schmerz. Ich habe so meine Gedanken dabei. Gewiss liebt er die Dame, die ihm so vielen Dank schuldet, und doch wäre es so leicht, ihr zu folgen. Sie würde schwerlich seine Hand zurückweisen. Was mag ihn nur eigentlich hier fesseln seit sechs Jahren, hier an diese Öde, wo er keine Seele besitzt, die die seinige zu begreifen vermag?«

»Ehre das Geheimnis des Mannes, der ein Wohltäter unserer kleinen Gemeinde ist«, erwiderte Frau Martensen ernst, »aber Hella, mein Kind, ein anderes Geheimnis enthüllt mir dein Wort. Eine Öde nennst du deine Heimat? Und in dieser Öde sollst du doch ein ganzes Dasein vollbringen! Hella, mein Kind, die wahre Liebe vermag eine Wüste zum Paradies umzugestalten. Liebtest du Niels, den Mann, den deines Vaters Wunsch dir zum Gatten bestimmt, wie ich einst den geliebt, um dessen willen ich Hamburgs glänzendes Leben mit dem bescheidenen Aufenthalt auf einer Hallig tauschte, du würdest anders reden. Hella, Hella, schwach ist das Licht meines Auges, aber mein Herz sieht, mein Mutterherz: Du liebst Niels nicht mehr.«

Das junge Mädchen sprang empor und warf sich in die Arme der Mutter, die sich ihr entgegenstreckten.

»Und diesem Mutterherzen lasse mich vertrauen alles, alles!«, rief sie. »Ja, du hast Recht, ich liebe Niels nicht mehr, kann ihn nicht mehr lieben seit. . .«

»Seit Felix von Waldenows Fuß die Hallig betrat«, unterbrach sie Frau Martensen »und jäh in deines Herzens Frieden griff. Ich klage dich jedoch nicht an«, fuhr sie milde fort, die Hand wie beruhigend auf das Haupt der heftig Weinenden legend, »aber ich will wissen, wie das Verhängnis an dich trat, dass, ich ahne es, genug des Leids über uns bringen wird.«

»Weiß ich es selbst, Mutter? In stillem Glück lebte ich dahin. Niels, oh, glaube mir, noch immer ist er mir teuer als Freund meiner Kindheit, als der besten, der treusten einer war mir als Gatte bestimmt, ich kannte ja keinen anderen und glaubte, das Gefühl sei Liebe, das mich mit ihm verband. Die Mädchen der Insel beneideten mich um ihn, aber ich, ich klage meine Erziehung an, ich fühle anders als meine Jugendgenossinnen. In den Jahren, dass Niels abwesend war, erweiterte ich mit deiner Hilfe mein Wissen, und neue Gedanken, neue Bilder, früher kaum geahnt, tauchten in mir auf. Dieses Eiland wurde mir zu eng, der Gedanke, hier für immer leben zu müssen, wenn du einst von mir geschieden sein könntest, allein, unverstanden und die Welt um mich nicht verstehend, verscheuchte selbst meinen Schlaf. Ich dachte indessen an den guten Niels, nahm zu Gott, der mir hier die Heimat geschaffen, meine Zuflucht, und mein Gemüt wurde ruhiger. Da sah ich Niels wieder. Er erschien mir gut, treu wie immer, aber doch so anders, so ganz anders, wie ich mir den heimkehrenden Bräutigam gedacht, den Mann, dem ich mein ganzes Dasein weihen sollte. Ihm zur Seite stand, er, dem mein Herz zuflog bei den ersten Worten seiner milden Stimme in mächtiger, nie geahnter Regung. Du selber kennst ihn, täglich ist er ja der Gast unserer kleinen Hütte. Felix liebt mich, mir sagt es jeder Blick seines Auges, das Beben seiner Hand, wenn sie die meine hält, und dennoch achtet er in mir die Braut eines anderen, eines anderen, den ich nicht lieben kann, dem ich nicht Treue schwören darf, ohne zur Meineidigen zu werden. Dich, Mutter, dich rufe ich an zur Richterin, dich, du Gute, Edle, hilf deinem Kind, es ist unsäglich elend!«

»Nein, nicht elend, unsagbar glücklich soll es sein, so glücklich wie ich in diesem Augenblick!«, rief eine Männerstimme hinter ihnen. Erschrocken fuhr das junge Mädchen empor, selbst Frau Martensen erhob sich überrascht aus ihrem Stuhl und blickte auf den unerwartet Eintretenden. Es war Felix von Waldenow, der, sichtlich in hoher Erregung, jetzt mit leuchtenden Blicken auf die Frauen zuschritt.

»Gottes Hand selbst, die mich vom nassen Tod an dieses Eiland rettete«, sagte er mit bewegter Stimme, »war auch jetzt meine Führerin zu dieser Stätte, um Ohrenzeuge eines unverfälschten, mich zum Glücklichsten aller Sterblichen erhebenden Geständnisses zu werden. Frau Martensen, mit Niels Gardberg, so ehrlich, so brav er sein mag, kann Eure Tochter nicht glücklich werden. Das sagte mir längst die Stimme des Herzens, und doch musste ich sie schweigen heißen, musste die Gefühle ersticken, die mich bewegten, denn ich zitterte selbst die Sonde an eine unberührte Mädchenseele zu legen. Nun aber, da durch das soeben vor Euch abgelegte Geständnis die Schranken gefallen, jetzt trete ich, Felix Freiherr von Waldenow, hin vor Euch und erbitte von Euch Eure Tochter, Hella Martensen, zur ehelichen Gemahlin.«

»Hella, Hella, du gehst in dein Verderben!«

Es war jetzt Niels' Stimme, die sich in dieser Warnung vom Eingang her vernehmen ließ. Er hatte den Baron das Haus der Witwe betreten sehen und war ihm rasch genug gefolgt, um die letzten Worte von dessen Erklärung zu vernehmen. »Hella«, fuhr er fort, die Hand des jungen Mädchens ergreifend, die sie ihm nicht entzog. »Hella, stoße nicht ein stilles Glück von dir. Ich habe dir zwar wenig zu bieten, nur mein treues Herz und mein Seemannsglück, nichts als diese Insel, an der mein Herz hängt, als meine Heimat. Sie ist traurig, öde, jeden Tag der Vernichtung ausgesetzt, aber ärger toben die Stürme in den Kreisen, wohin dich der Versucher locken will. Hier ist Frieden, dort Neid, Hass und Elend unter glänzender Hülle. Hella, bleibe hier! Brich nicht dein Wort, es würde nicht guttun!«

Das junge Mädchen lehnte ihr Haupt an der Mutter Brust. »Hilf mir«, stammelte Hella, »meine Knie brechen unter mir!«

Waldenow schaute dem Seemann offenherzig und fest in die Augen. »Niels Gardberg«, sagte er, »es ist ein ernster, heiliger Augenblick, in dem wir einander gegenüberstehen. Lasst uns in dem Bewusstsein reden, dass eine höhere Hand unsere Herzen und Gesinnungen prüft. Erlaubt, dass ich Euch von mir erzähle. Elternlos, früh verwaist, wuchs ich in allen Genüssen, die der Reichtum zu bieten vermag, auf. Aber früh widerten mich die Zerstreuungen der Residenz an und, noch ein Jüngling, begann Hypochondrie, die vielleicht mir von meinem Vater vererbt war, ihre Schatten über mein Dasein zu werfen. Umsonst versuchte mein um einige Jahre älterer Vetter, der mir mit treuer Freundschaft ergeben, mich aufzuheitern. Ich hatte keine Freude mehr am Leben, und der Liebe Zauberreich war bis heute für mich verschlossen. All die schönen Mädchen und Frauen, die an meinen Augen vorüberglitten, waren mir wesenlose Schatten. Mein Vetter ließ mich nie allein, sorgsam überwachte er jeden meiner Schritte, und doch hätte ihn mein Tod reich gemacht, denn auf ihn vererbt sich mein Besitz, sterbe ich unvermählt, und kinderlos. Der väterlichen Sorge dieses Freundes verdankte ich, dass ich bisher einem Leben voller Überdruss nicht freiwillig entsagte. An der Seele todmüde und vom physischen Tod gedrängt und erschreckt, kam ich nun hierher, um dem Leben gegeben zu werden, denn zum ersten Mal zog bei Hellas Anblick die nie gekannte Liebe in mein ödes Herz. So wie Hella ist, hatte ich mir ein Weib erträumt, keine Modepuppe der Residenz ohne höheren Schwung der Seele und des Empfindens. Niels Gardberg, lasst sie mir. Heilig will ich sie halten wie ein Kleinod. Sie soll das Glück meines Lebens sein, und sie selbst wird in meiner Liebe, in dieser allein nur, glücklich werden.«

Der Seemann presste beide Hände an seine Stirn. »Dass etwas Fremdes zwischen uns getreten«, sagte er mit dumpfem Ton, »das merkte ich, als nach zwei Jahren der Abwesenheit mein Auge dem Ihren begegnete. Hella!«, rief er alsdann, dicht vor das junge Mädchen hintretend. »Hella, ist es wahr, dass du mich nicht liebst, dass du nimmer glücklich sein kannst als mein Weib?«

Hella richtete sich aus den Armen der Mutter empor, streckte dem Seemann ihre Hand entgegen und versetzte leise: »Niels, lasse mich deine Freundin bleiben deine Schwester!«

Laut ächzte der junge Mann auf. »Freundin, Schwester...«, murmelten seine bebenden Lippen, »es ist genug.«

Eine Pause entstand. Er selbst war es, der sie zuerst brach. »So gebe ich sie Euch und mit ihr mein Glück«, rief er gegen den Baron gewendet. »Haltet sie mir heilig, Ihr seid mir verantwortlich. Noch eins, es wäre nicht das erste Mal, dass ein feiner Herr ein armes Mädchen betört. Ich kann nicht über Hella wachen, denn schon morgen ruft mich meine Pflicht von hier, ich könnte überhaupt nunmehr nicht an dieser Stätte bleiben, je weiter fort, desto lieber! Aber schwört mir, dass ihr, ehe ihr die Hallig verlässt, in der Kirche dieses Eilands vor Gottes und seines Priesters Augen Hella Martensen den Eid des Gatten leisten wollt und unwiderruflich Euer Geschick verbinden mit dem ihren!«

»Hört mich an, Niels, und erwägt wohl meine Worte«, entgegnete Waldenow. »Es war meine Absicht, noch ein Jahr lang Hella als meine verlobte Braut zu betrachten. Erst mit dem vollendeten fünfundzwanzigsten Jahr werde ich nämlich, dem Testament meines Vaters gemäß, freier Herr meines Vermögens. Bis dahin hänge ich von einem entfernten Verwandten ab, der, ein eingefleischter Aristokrat, sich gegen diese Verbindung stemmen könnte, ja in diesem Fall ein gewisses Recht besäße, einen Teil meines Besitzes zu beanspruchen. Doch alles, was ich mein nenne, möchte ich ungeschmälert zu Hellas Füßen legen. Trotzdem will ich Euren Wunsch erfüllen, der ja auch der meinige ist. Schon in den nächsten Tagen werde ich mein Gelöbnis ewiger

Treue am Altar ablegen. Als meine Gattin lebe Hella Martensen noch ein Jahr im Haus ihrer Mutter, bis ich, frei aller Bande, sie zu holen komme, um sie zu der gesellschaftlichen Stellung zu erheben, die ihrer Tugend und ihrer Anmut gebührt. Seid Ihr es zufrieden, Ihr treuer Freund meiner Hella?«

»Ich bin es«, erwiderte der Seemann traurig, »und dass ich dem Mädchen entsage, deren Bild mein Stern war und Licht in düsterer Sturmnacht, der ich mein Herz treu erhielt, bis heute, mag ihr beweisen, wie lieb ich sie habe. Aber nun fort mit mir, was soll ich noch hier? Ich will Abschied nehmen, ist rasch getan: Leb' wohl, Hella! Wenn ich wiederkehre auf dies Eiland, wirst du wohl schon weit in der Ferne sein, und die große Dame in goldener Karosse. . .«

»Immer deine Schwester!«, rief Hella, ihm beide Hände reichend, »immer dein gedenkend, du treuer, guter Mann.«

Niels beugte sich auf ihre weißen Finger nieder und drückte einen Kuss darauf, und das Händchen fühlte den heißen Tropfen einer Träne fallen. Der wettererprobte Seemann verlor die Herrschaft über sich. Er stürmte ohne ein weiteres Wort des Abschiedes zur Tür hinaus.

Die Mutter faltete die Hände. »Oh, mein Gott, mache es gnädig mit uns! Ein treues Herz, dass du uns sandtest, haben wir weggeworfen. Was wird der Tausch uns dafür bringen?«

Lydia Bernheims fieberhafter Zustand hatte bisher nicht gestattet, sie in ein anderes Asyl zu transportieren. So blieb ihr und ihrer Pflegerin Hella die Stube im Erdgeschoss eingeräumt, während der Baron bei dem Prediger des Eilands ein Unterkommen gefunden, und Leo Barfeld für sich selber die beiden kleinen Zimmer des einzigen Stockwerks seines Häuschens eingerichtet hatte.

Nun aber war die Gerettete so weit hergestellt, dass das morgen die Hallig passierende Schiff, das Niels nach Hamburg zu neuer Dienstleistung brachte, auch sie dorthin entführen sollte, um sie ihrer Heimat zueilen zu lassen.

Heute saß sie im freundlichen Stübchen am Fenster. Ihrer Effekten beraubt, trug sie noch immer den Anzug einer Halligbewohnerin, der trefflich zu ihrer Figur und zu ihrem Antlitz passte, ein rotgestreifter Rock, der die blauen Strümpfe nicht verbarg, schloss sich enge an ihren zierlichen Körper, dessen Busen ein grünes, silberbesticktes Mieder bedeckte.

Ihr gegenüber in ihrem Anschauen verloren, saß der Herr des Hauses. Es war die Zeit des Nachmittags, in der er sich regelmäßig nach ihrem Befinden zu erkundigen pflegte, und manche Stunde saßen Wirt und Gast als dann beisammen, bald im traulichen Gespräch, bald im grübelnden Schweigen, jeder den eigenen Gedanken überlassen.

Auch in diesem Augenblick war die Unterhaltung ins Stocken geraten. Lydia starrte zum Fenster hinaus. Mit einem Mal, an die Gegenwart erinnert, wandte sie sich mit der ihr eigenen, schmelzenden Stimme an den stumm vor ihr sitzenden Leo: »Wie still die See ist, wie friedlich sie dies kleine Eiland umspült, als könne sie nie aufbrausen in drohendem Zorn, ein fürchterliches Grab alles Lebendigen, das sich ihrem Spiegel anvertraute. Da schreiben sie von Stürmen und Wogenbraus in Büchern, da malt die aufgeregte Fantasie die furchtbaren Szenen, aber nur der kann die Sprache des entfesselten

Elements verstehen, der selbst nahe daran war, seine Beute zu werden, der die Masten brechen hörte über sich, die Blanken bersten, oh, die Erinnerung daran wird mich nie verlassen...« Sie bedeckte ihr Antlitz mit den Händen.

»Sie werden vergessen, gnädige Frau«, nahm Barfeld das Wort, »sobald Ihr noch fieberhafter Zustand Sie verlassen haben wird, den die raue Luft der Hallig nicht zu lindern vermag. Seien Sie nur erst inmitten der Genüsse, die Ihnen die Residenz darbietet. Sie, frei, reich, jung und schön vergessen am leichtesten. Fühlen Sie sich nur erst wieder als Königin der Bälle, als Sonne unter den Sonnen der Gesellschaft.«

Die errötende Lydia unterbrach ihn. »Sie meinen mich und mein Sinnen nur der Welt und ihren Freuden zugewandt? Haben Sie mich in der kurzen Zeit unseres Zusammenseins als ein solches Weltkind erkannt, Herr Barfeld? Ihre Worte deuten wohl darauf hin. Nun wohl, ich leugne es nicht, ich bin jung, unabhängig, ich bin glücklich in heiterem Kreis und liebe Glanz und Pracht, aber noch ein anderes Glück, ein höheres, würzt meine Tage, ich bin Mutter, Herr Barfeld, ein Söhnchen, es zählt nun drei Jahre, streckt mir seine Arme bei meiner Heimkunft jauchzend entgegen und bietet mir Willkommen.«

Ein Strahl der Freude glänzte in Barfelds Blick. »So kennen Sie der Mutterliebe heiliges Gefühl, so ist Ihre Seele dem Höchsten offen, was dem Sterblichen verliehen! Oh, vergeben, vergeben Sie mir.«

Mit Mühe bekämpfte er die Aufregung, die ihn zu überwältigen drohte.

»Ich setzte eigentlich voraus, Sie würden ohne mein jetziges Bekenntnis besser von mir gedacht haben«, sagte sie schmerzlich. »Glauben Sie mir, ich bin nicht so ganz das Weltkind, für das Sie mich halten. Jung durch den Willen meiner Eltern, an einen Mann gekettet, der mein Vater hätte sein können, lernte ich des Lebens goldenen Reiz, nach welchem die ganze Seele dürstete, erst nach meines Gatten Tod kennen. Es ist wahr, ich bin die Königin der Salons, mich umdrängt die vornehmste Männerwelt der Residenz mit Huldigungen, meine Toilette, meine Vergnügungen sind für mich Hauptfaktoren des Daseins, aber nie wird der Augenblick kommen, wo ich aufhören müsste, mich selbst zu achten und meinem Sohn, den ich in einem mir gehörenden Haus auf dem Land in guter Pflege einer Frau weiß, die einst meine eigene Kindheit gehütet, eine treue Mutter zu sein.«

Das Antlitz Barfelds wurde wieder düster. »Sie haben Ihren Sohn nicht im eigenen Hause?«

Lydia errötete von Neuem. »Er ist noch zu klein, drei Jahre«, entgegnete sie verlegen, »ich hatte ihn früher bei mir allein der kleine verwöhnte Herr begehrte fortwährend die Mutter zu sehen und...«

»Und Ihre gesellschaftlichen Pflichten ließen Ihnen dazu keine Zeit«, fiel Leo ruhig ein. »Ich begreife.«

»Herr Barfeld«, versetzte Lydia, »so wie es Ihnen beliebt, hat noch keiner zu mir geredet. Schmeichelworte haben mein Ohr verwöhnt, und doch bin ich nicht unempfindlich für eine andere Sprache. Es gibt Augenblicke, in denen ich mich in der Tat nach dem Ernst einer Unterhaltung. wie nach erquickendem Balsam sehne. Freilich sind diese Augenblicke selten, aber alsdann gähnt mich umso erschreckender die ganze Leerheit meines Daseins an. Barfeld, ich werde meinen Sohn zu mir nehmen, selbst seine Erziehung beaufsichtigen, sind Sie zufrieden?«

»Lydia!«

Aber mitten in diesem unbewachten Aufschrei inneren Entzückens verstummte sein Mund. Wie gebrochen sank der kräftige Mann auf seinen Sitz zurück. »Sie sind sehr gütig, gnädige Frau«, brachte er kaum hörbar hervor.

Lydias Antlitz überflog der Ausdruck der bittersten Enttäuschung. Sie hatte sich es selbst nicht gestehen wollen, wie teuer ihr in der kurzen Spanne Zeit der Mann geworden war, der sie gastlich aufgenommen hatte, und nun, da sie sich klar wurde, da zum ersten Mal der Liebe süße Harmonie, die bisher nie berührte Seite ihres Herzens, anklang: da mitten in der Ahnung des schönen Glücks, tönte rau wie ein vernichtender Missklang durch die Hymne: »Sie sind sehr gütig, gnädige Frau.«

Aber sie gewann ihre Fassung und, den ruhigen Ton der Konversation anschlagend, bemerkte sie: »Wie

kommt es doch, Herr Barfeld, dass Sie, ein Mann, der das Glück der Familie so heiß zu empfinden vermag, nicht selbst sich diesen Frieden bereitet, dass Sie, ein Mann noch in den kräftigsten Jahren, mit Ihren Kenntnissen, sich auf dieser Insel vergraben, während Ihnen eine Welt offensteht?«

Es zuckte so schmerzlich durch des Gefragten Antlitz, dass Lydia Bernheim innehielt.

»Fragen Sie nichts, ich beschwöre Sie, reißen Sie nicht alte Wunden auf, die vernarbt, aber nimmer verschmerzt sind«, sagte er fast flammend, »lassen Sie den Schleier vor meiner Seele, der seine düsteren Falten um jede Freude, um jede Hoffnung meiner Lebenstage wirft, ja ich bin grenzenlos, ich bin unheilbar elend.«

»Barfeld, unglücklicher Mann, gibt es keinen Freund, keine Freundin für Sie auf Erden, würdig genug, Ihr Leid zu teilen? Behält denn immer der Unglückliche das Recht für sich der größte Egoist zu sein? Leo, ich lernte Sie als jemand kennen, der durch seinen Charakter und Geisteseigenschaften seine Nebenmenschen um ein Bedeutendes überragt. Es tut mir weh, Sie jetzt keine Ausnahme von den gewöhnlichen Menschen machen zu sehen. Ermannen Sie sich! Erheben Sie sich aus dem Siechtum einer Mutlosigkeit, die dem Mann unschön steht. Weisen Sie den Mahnruf einer Freundin nicht ab, die es so aufrichtig mit Ihnen meint, die Sie beschwört, in einen erweiterten Wirkungskreis zu treten, die Sie zu großen, Ihren Talenten angemessenen Unternehmungen ermuntern will, und die, ja, ich gestehe es offen, wähnte, an Ihnen eine Stütze und für ihren Sohn einen väterlichen Ratgeber zu finden.«

Barfeld rang mit sich selbst. Sein Auge war gesenkt, die rechte Hand fuhr mehrmals über die düster umwölkte Stirn, dann rief er in schmerzdurchzucktem Ton: »Nie, nie! Ein Gelübde fesselt mich an dieses Eiland. Bereiten Sie durch Ihr verführerisches Wort dem Unseligen nicht ein noch schwereres Los.«

Die Witwe verbarg ihr Antlitz in den schmalen weißen Händen. Man hörte die enttäuschte Frau leise weinen. »Wenn der gute Engel, dessen Schwingen ich in dieser Stunde über meinem Haupt rauschen höre, mich verlässt«, sagte sie endlich, »dann ist es Ihre Schuld. Vergessen wir diese Augenblicke.

Bleiben wir, was wir uns in jener fremden Minute gewesen, da Ihre Hand, die meine erfasste, mich über schwanken Steg in Ihre Gastlichkeit zu geleiten, und nun«, fuhr sie völlig gefasst fort, als die Magd, die ihr Barfeld in der Abwesenheit Hellas zur Bedienung zuerteilt, zufällig ins Zimmer trat, »nun Herr Barfeld, erfüllen Sie mir, ehe ich scheide, einen lang gehegten Wunsch. Ich befinde mich auf einer Hallig, hier hörte ich zuerst diesen Namen aussprechen, den ich bisher nimmer gekannt. So gern möchte ich mich unterrichten, erzählen Sie mir von diesem Eiland, das mir ein gastliches Asyl bot.«

Barfeld verneigte sich zustimmend. Eine Ableitung des Gesprächs in ruhigere Bahnen nach der Aufregung der zuletzt verstrichenen Minute tat ihm wohl.

»Umflutet von den Wogen der Nordsee«, begann er, nachdem er seine Gedanken gesammelt hatte, »liegen an Schleswigs westlicher Küste, als Überrest einer größeren Landstrecke, die im Laufe der Zeit dem Meer nach und nach zur Beute geworden, mehrere unbedeutende Inselchen. Die größeren derselben sind teils durch Dünen gegen die Wellen geschützt, die, mit Ebbe und Flut kommend und gehend, immer neue Versuche machen, auch die letzten Brocken eines früheren Raubes dem nimmersatten Meerungeheuer zuzuführen. Bei der Ebbe tritt die See so weit zurück, dass ein meilenweiter Schlickgrund bloßgelegt wird, der die Verbindung zwischen einigen Eilanden auch ohne das Mittel der Schifffahrt ermöglicht, bis die Flut, oft mit ungewöhnlicher Schnelligkeit, zurückkehrt. Sie stürmt herbei, vom Nebel begleitet, und wehe dem Unglück-

54

lichen, der auf dem trügerischen Pfad überrascht wird: Die Flut zieht den Wanderer unbarmherzig mit sich in das nasse Grab. Im Gegensatz der größeren, geschützten Inseln werden die kleinen Eilande Halligen genannt. Eine solche Hallig ist ein flaches Grasfeld, dass zuweilen kaum zwei bis drei Fuß höher liegt als das gewöhnliche Niveau des Meeres. Oft wird sie von den Wogen überschwemmt, im morastigen Bodenfass zurückgelassen. Kein Halm, kein Strauch, kann deshalb hier in der Ebene gedeihen. Wir kennen nicht das duftende Laub der grünen Bäume in deren Schatten man sich anderswo flüchtet vor der Sonne Brand, ja selbst das köstlichste Geschenk der Vorsehung, das Trinkwasser, des Ärmsten allgemeines Gut, wir kennen es nicht, und süßes Wasser muss als kostbarer Trank das feste Land uns spenden. Wir selber sammeln nebenbei die Tropfen der Wolken, die nur dem daran Gewöhnten im Notfall genießbar sind, in Zisternen.«

»Welch ein trübes Bild, dieser Aufenthalt!«, sagte Lydia halblaut, »und hier leben Menschen von Geschlecht zu Geschlecht, leben und fühlen sich glücklich?«

»Fragen Sie den Halligbewohner, dem die Liebe zur Heimat angeboren, wie dem Schweizer das Heimweh, ob er seinen Aufenthalt, oder die Aussicht, dort friedlich sein Leben zu beenden, mit dem dauernden Aufenthalt in der glänzendsten Residenz tauschen will. Breiten sich doch vor seinen Augen die fruchtbarsten, reichsten Strecken aus. Ist doch hinter den Deichen des festen Landes in seiner Nachbarschaft ein Boden, der seinen Bauern einen Überfluss bietet, wie wenige der Welt, wo das schwerste Korn reift, der Klee duftet, sich stolze, prächtig ausgestattete Bauernhöfe mit Bewohnern voll Lebensfreude, vertraut mit allen Genüssen des Daseins erheben. Doch blickt er neidlos auf sie und fühlt sich glücklich auf seinem hungrigen, traurigen Eiland, um das er ruhelos kämpfen muss, oft mit Gefahr des eigenen Lebens, gegen die tückische See. Wenn Sie einen Begriff von den Szenen hätten, die wir schon in Sturmesnächten hier erlebt, die Erinnerung an das von Ihnen Erduldete würde Ihnen minder schrecklich erscheinen. Es gehört ein erprobter Mut dazu, nicht zu verzagen, wenn das Meer seine Wogen, wie Mauerbrecher, unermüdlich gegen die einzelnen Warften schleudert. Zitternd widerstrebt der Erdhügel dem stürmenden Andrang bis ein Stück nach dem anderen hinunterschießt, und die Pfosten des Hauses der Gewalt des Wassers kaum widerstehen. Die aus dem Schlaf geweckten Bewohner flüchten sich in die höchsten Räume des schwankenden Gebäudes, während in dem unteren Gelass die eindringende Meeresflut mit dem sauer erworbenen Eigentum des Halligers, erworben vom eigenen Schweiß und vom Schweiß der Voreltern, sein furchtbares Spiel treibt. Aber oft bietet dieser letzte Zufluchtsort der Unglücklichen keine Rettung. Die See steigt höher und höher, durch alle Fugen quillt und quirlt das Wasser, der Boden hebt sich schwankend unter den Füßen der gefährdeten, hilflosen Bewohner, ein Krach, ein Schrei, der Dachstuhl senkt sich, brausend schäumt ein Wogenknäuel zusammen, in seinen wilden Armen reißt er Trümmer und Leichen dahin. . .«

»Entsetzlich! Entsetzlich! Halten Sie ein!«, rief Lydia, »genug der düsteren Bilder. Dieselben werden unauslöschlich vor meiner Seele stehen. Aber Ihre

Schilderung«, fuhr sie fort, da eben die Magd, die in einem Winkel dem Bericht ihres Herrn gelauscht hatte, wieder das Zimmer verließ, »Ihre Schilderung zeigt mir, wie ernst der Beweggrund sein muss, der durch eigne oder fremde Schuld Sie an dieses meerdurchwühlte Eiland bannt. Ihre Heimat ist es nicht, ein Gast sind Sie ihm, wie ich selber, und während sich meine ganze Seele von hinnen drängt, ketten Sie ein ganzes Dasein an diese Scholle, unbegreiflicher, rätselhafter Mann! Mir müsste vor Ihnen grauen, erfasste nicht ein tiefes Mitleid meine Brust.«

»Ja, bemitleiden Sie mich«, rief Barfeld wehmütig, »Mitleid ist das einzige, das ich von Ihnen annehmen kann und darf, Ihr Mitleid«, fügte er wie im Traum hinzu, »sei der Genius, der in einsamen Winternächten als Trostbild meiner Seele Frieden zulächelt. Dann wird der Einsiedler der Hallig nimmer, nimmer allein sein!«

Ein leichter Wind schwoll am nächsten Morgen die Segel des Fahrzeugs, das in einiger Entfernung von der Hallig-Insel Anker geworfen hatte, und sich nun wieder, nachdem ein leichtes Boot ihm Passagiere gebracht, zur Abfahrt vorbereitete. Vom Deck des Schiffes flatterte ein weißes Tuch dem einsamen Mann in der Ferne auf der Hallig den letzten Scheidegruß Lydia Bernheims zu. In der Kajüte aber saß Niels, den das Vertrauen seines Reeders zu einem Kapitänsposten berufen hatte. Ein ehrenwerter Wirkungskreis harrte des jungen Seemanns, und dennoch war es, als müsse ihm das Herz brechen vor Leid und Weh. Aus dem Mast klang die lustige Weise eines Matrosen:

Auf den blauen Wogen schweifen,
Gottes Erd' und Meer durchstreifen
Sagt wer bessres Los gewinnt?
Überall ist Seemanns Stätte,
Überall sein Brot und Bette
Überall ein holdes Kind rc.

Wenige Tage nach der Abreise Niels' und der Witwe
fand in dem Kirchlein der Hallig zu später Stunde
die Trauung Hella Martensens mit Felix Freiherrn
von Waldenow statt. Erst am anderen Morgen er-
fuhren die Bewohner der Hallig-Insel das Ereignis.
Im Gotteshaus selbst war nur der Priester, der die
heilige Handlung verrichtete und der Mann auf dem
Chor vor der kleinen Orgel, der während der kurzen
Zeremonie von dem Brautpaar ungesehen dem un-
scheinbaren Instrument ergreifende Töne entlockte,
Zeugen des Schwurs gewesen, der zwei Liebende
für ein Menschensein verband.

Abb. 8: Nordsee

Kapitel 3

»Mutter, Mutter! Ein Schiff wirft Anker. Eine Jolle bringt Passagiere ans Land! Wenn es Felix wäre, wenn er käme, da nun das Jahr verstrichen ist, Weib und Kind zu holen! Wie lange schon harre ich sein!«

Frau Martensen erhob sich von ihrem Platz neben der Wiege, die ein schlummerndes Knäblein barg. Sie trat ans Fenster zu ihrer in heftiger Aufregung befindlichen Tochter und rückte den grünen Augenschirm höher. »Ich sehe nichts als einen dunklen Punkt«, sagte sie nach einer Weile, »ach meine armen Augen! Mit jedem Tag wird ihre Sehkraft schwächer, könnten sie nur noch dein Glück, das Glück meines Enkels erschauen, gern wollte ich sie dann für immer schließen.«

»Mutter, nicht diese Worte«, bat Hella, »oh, wüsstest du, wie ohnedies mir bang zu Mute ist! Wie die Ahnung eines Unglücks liegt es auf mir. Siehst du, ich fürchte wieder, Felix ist der Ankömmling nicht. Mein Herz hätte längst gejubelt. Er ist es nicht, und doch wollte er zurückkehren, schon seit zwei Monden hier eintreffen.«

»Wer weiß was passiert ist«, versuchte die Mutter tröstend einzuwenden. »Jetzt erkenne auch ich das Boot, drei Männer sitzen darin.«

»Und der eine von ihnen ist Niels!«, rief Hella laut »ich täusche mich nicht. Der gute treue Niels, der mich längst fern von hier glaubt, wie soll ich ihm begegnen? Ach Mutter, ich weiß, Felix liebt mich, ich bin sein höchstes Glück. Noch der letzte seiner Briefe sagte mir es, und doch, Niels hätte mich nicht harren lassen, meinst du nicht auch Mutter?«

Frau Martensen seufzte leise. »Ich meine, wir beugen unser Haupt unter Gottes Fügung«, erwiderte sie. »Zweifle nicht an deines Gatten Treue, sandte er nicht erst sein Bild an goldener Kette für seinen Sohn, schrieb er nicht jubelnd von der nahen Stunde, wo er unabhängig und selbstständig dich sein Weib vor Gott, auch so nennen dürfe vor allen Menschen?«

»Du hast Recht, Mutter, ich bin ein kleinmütiges, verzagtes Geschöpf«, entgegnete Hella. »Aber er kann krank sein, die Folgen jener Nacht, die ihn an unser Eiland warf, blieben nicht aus und erschütterten seine zarte Gesundheit, er selbst schrieb es. Ach, wenn er nun litte, und ich dürfte nicht zu ihm, ihm Pflegerin zu sein! Doch sieh«, unterbrach sie sich, »das scheinen zwei vornehme Herren zu sein, die eben mit dem Niels ans Land setzen, besonders der eine mit dem Ordensbündchen im Knopfloch. Aber wie finster und bleich er aussieht! Jetzt zeigt Niels auf unser Haus und wendet sich zum Gehen, oh, Mutter, wenn sie zu uns wollten, Kunde von ihm brächten, böse Kunde, denn, wenn es gute wäre, käme er selbst.«

»Kind, wie du zitterst!«, und der alten Frau Stimme bebte selber bei diesen Worten, »können die Fremden nicht von ihm gesendete Boten sein, die dich holen sollen?« Hella schüttelte zweifelnd das Haupt. Mit atemloser Spannung beobachtete sie die beiden Männer, die wirklich dem Häuschen zuschritten, während sie eifrig miteinander zu reden schienen.

Der eine um einige Schritte voraus in einen braunen Reifrock gekleidet, ein rotes Bändchen im Knopfloch, war sichtlich der Vornehmere. Er konnte etwa fünfunddreißig Jahre zählen, und sein bleiches, fast bartloses Gesicht wäre nicht unschön zu nennen gewesen, hätten nicht die grauen, von einer goldenen Brille bedeckten Augen, einen Ausdruck von List und Tücke zur Schau getragen, der unwillkürlich abstoßen musste. Dasselbe Gefühl flößte auch die Erscheinung seines, in schwarz gekleideten, Begleiters ein, der einen Pelzmantel über dem Arm trug. Doch war auch dieser Mann vielleicht um einige Jahre älter, keineswegs hässlich. Er bewegte sich in einer kriechenden Unterwürfigkeit, während der andere jedenfalls gewohnt war, zu befehlen.

»Lechamps, es ist ein schwerer Gang, aber ein Majorat hängt von ihm ab. Sie darf ihn nicht wiedersehen, fort muss sie mit Güte oder Gewalt!«

»Sie wird gehen, gnädigster Herr. Der Teufel hat die Hand im Spiel und steht uns zur Seite. Welch ein Glück, dass das Schiff, das uns hierherbrachte, jenen Niels zum Kapitän hat, der einst des Mädchens Bräutigam war. Ich habe ihn mürbegemacht, den Burschen. Er nimmt sie mit nach Amerika, das Blatt im Kirchenbuch wird vernichten und statt Kind und Gattin bringen wir dem Herrn Baron von Waldenow die traurige Kunde, dass beide mit dem einstigen Freier auf und davon gegangen.«

»Lechamps! Lechamps! Wir spielen ein gewagtes Spiel. Vergiss nicht, sie ist Mutter, und wenn sie nun ihres Kindes halber das Äußerste wagte und selber zu ihm eilte oder sich dem Geistlichen anvertraute, der das verwünschte Eheband geschlossen?«

»Keine Sorge, gnädigster Herr. Ich habe mehr als eine Verlassene beschwichtigt. Lassen Sie mir nur freie Hand, doch da sind wir zur Stelle.«

Er öffnete die Tür des Häuschens und trat hinter seinen Herrn, der sich eben tief vor der ihm entgegenkommenden Hella verneigte.

»Ist dies die Wohnung der Frau Martensen?«, fragte der Fremde höflich.

»Ja, mein Herr, Frau Martensen ist meine Mutter«, entgegnete die junge Frau mit schwankender Stimme.

»So sind Sie Hella Martensen?«

»Ich nenne mich Hella Baronin von Waldenow, mein Herr.«

Der Fremde ließ, wie prüfend, seine Augen über die Gestalt der Redenden gleiten, dann neigte er das Haupt. »Armes Kind!«, murmelte er laut genug, um von Hella verstanden zu werden.

»Arme, junge Dame!«, tönte hinter ihm ebenso verständlich die Stimme des Kammerdieners.

Der Tochter der Witwe drohten die Kräfte zu versagen. Nur mit Mühe hielt sie sich aufrecht.

»Ist es uns vergönnt, in einer Angelegenheit von Wichtigkeit einige Worte zu Ihnen zu reden, Madame?«

Hella öffnete die Tür des kleinen Wohnzimmers. »Mutter«, sagte sie tonlos, hier sind zwei Herren, wünschen mit uns zu reden.« Die Stimme versagte ihr. Frau Martensen erhob sich. »Seien Sie mir willkommen, und verzeihen Sie der alten Frau, deren geschwächtes Augenlicht eine Aufregung, ein Ungefähr, völlig auslöschen kann, wenn ich meiner Tochter überlasse, die Pflichten der Hausfrau zu erfüllen. Sie haben einen Auftrag meine Herren?«

Die Männer setzten sich, Lechamps bescheiden im Hintergrunde. Hella stützte sich auf den Stuhl ihrer Mutter. »Erlauben Sie mir, mich Ihnen vorzustellen«, nahm der Fremde das Wort. »Ich komme aus der Residenz B., mein Name ist Waldemar von Herbach. Der Baron Felix von Waldenow, Ihnen wohlbekannt, ist mein Vetter.«

»Der Baron Felix von Waldenow ist mein Schwiegersohn«, bemerkte Frau Martensen würdevoll.

»Mein Gatte, durch Priesterhand mir verbunden, und der Vater dieses Kindes«, fügte Hella hinzu.

Sie schlug den Vorhang der Wiege zurück und wies auf das rosige Kindesantlitz dessen großer blaue Augen sich eben dem Licht öffneten und neugierig auf die fremden Männer starrten.

»Dies ist Herr Lechamps, der Kammerdiener und Sekretär des Barons, ein seinem Herrn mit erprobter Liebe und Treue seit Jahren ergebener Diener. Weder mein Vetter noch ich haben ein Geheimnis vor ihm.«

Lechamps verneigte sich.

»Mir beizustehen in der Erfüllung meines schmerzlichen Auftrages«, fuhr Herbach fort, »erbat ich mir seine Begleitung. Oh, wüssten Sie, wie schwer es einem fühlenden Herzen fällt...«

»Zur Sache!«, unterbrach ihn Frau Martensen. Der Edelmann zögerte, als scheue er sich zu beginnen. Sein Blick fiel, wie bittend, auf den Kammerdiener, doch dieser machte ein abwehrendes Zeichen, und der Baron nahm wie gezwungen, zögernd das Wort von Neuem auf. »Mein geliebter Vetter, Sie kennen ihn ja selbst und seinen Charakter«, begann er stockend, »ist ein beklagenswerter Mensch. Jung von Hypochondrie heimgesucht, erschien ihm das Leben ohne Freude und ohne Reiz. Da warf ihn ein Zufall an diesen Strand, allein, sich selbst überlassen, ohne meinen, des älteren Freundes Rat und

Beistand, der ihm, dem Schwankenden, an sich selbst Zweifelnden, nie bisher gefehlt. Er sah Hella Martensen und ihre Schönheit, ihre Lieblichkeit flößten ihm Gefühle ein, die er bisher nie gekannt, die er für Liebe hielt...«

»Herr von Herbach!«, unterbrach Hella und richtete sich stolz empor.

»Ich bitte, lassen Sie mich ausreden, die er für Liebe hielt, sagte ich, hätte er sich mir vertraut, ich hätte ihn eines Besseren belehrt. Aber er zog es vor zu schweigen, und als er nach jener verhängnisvollen Reise, die mir beinahe den teuren Verwandten geraubt hätte, in der Residenz anlangte, ahnte ich selber nicht, dass er eine Handlung vollzogen, die ihn zum Elendesten, Beklagenswertesten aller Sterblichen machen sollte.«

»Mein Herr!«, schrie Hella auf, »womit habe ich diese Worte verdient? Worte, die mich umso mehr entrüsten dürfen, als sie so entschieden im Widerspruch mit den Briefen stehen, die ich von Felix erhielt.«

»Seit zwei Monden kenne ich meines Vetters Geheimnis und jene Briefe«, fuhr Herbach mit grausamer Ruhe fort, »die inniges Mitleid, keine Liebe ihm in die Feder gab. Die aber Ihnen, so lang als möglich den süßen Frieden Ihres Herzens bewahren sollten, ich persönlich diktierte sie. Armes Kind, Felix von Waldenows Herz hat keine Worte mehr für Sie.«

Wider Erwarten bewahrte Hella, trotz dieser entsetzlichen Eröffnungen, eine gewisse Selbstbeherrschung. Allerdings erwiderte die Unglückliche keine Silbe. Allerdings überzog eine Leichenblässe ihr Antlitz dessen Lippen fest aufeinandergepresst waren.

Aber sie schritt ungebrochen zur Wiege des Kindes und nahm vorsichtig den Knaben auf ihren Arm. Dann kehrte sie zum Stuhl der Mutter zurück und stellte sich dem Edelmann gegenüber, ihm fest ins Auge blickend. »Erzählen Sie mir alles«, sagte sie jetzt mit leidenschaftsloser, dumpfer Stimme. »Sie können denken, wie Ihr Bericht mich interessiert.«

Nicht ohne einen Ausdruck der Bewunderung ruhten des Kammerdieners Augen auf den Zügen Hellas, die sich ihre völlige jungfräuliche Reine bewahrt hatten.

Der Vetter Felix' aber fuhr mit erheuchelter Trauer, nur dann und wann einen listigen, den Eindruck des Berichts auf die Damen lauernden Blick aussendend, fort: »Hella, der Liebe haben Sie die Seele meines Verwandten erschlossen, Sie haben an ihren Pforten gepocht, dass sie aufsprangen, aber nimmer zogen Sie hinein. Hella, mein Vetter Felix ist der unseligste aller Menschen: Er liebt Sie nicht mehr. Ihr Name ist seinem Ohr ein Schreckensklang, der Name seines Kindes ein Donnerwort. Doch wird er den Schwur halten, den er Ihnen einst gelobt. Ich soll Sie heimführen, an die Stätte seiner Ahnen, die zürnend ihre Häupter abwenden von dem Entarteten. Oh, Hella! Hella! Haben Sie Erbarmen mit Felix' Jammer, ja, ehe ich die mir aufzutragende Pflicht erfülle, will ich Sie in die Seelennacht des Unglücklichen blicken lassen. Hella, ich weiß, Sie werden mir folgen...«

»Ja!«, fest und ehern klang die Stimme der jungen Frau, »ja, denn ich bin Mutter!«

Des Edelmanns Augen funkelten unheimlich. »Hella«, fuhr er fort, »Sie haben wohl bedacht, welches Los Sie erwartet, die Felix in einem Augenblick des Leichtsinns an sich kettete, welches Los Ihr Kind, das er hassen muss, erwarten wird.«

»Felix von Waldenow ist mein Herr und Gemahl. Was er über mich und mein Kind beschließt, wollen wir tragen in Demut und Geduld.«

»Brav! Sehr brav! Oh, mein Herz bricht, und doch muss ich reden. Hella, nicht Sie zu holen kommen wir, sondern Ihnen nur ein Geheimnis zu enthüllen. In Ihrer Hand liegt das Verderben des Mannes, den Sie noch immer lieben, aber vergessen Sie nicht, dass jeder Flecken, den Sie auf seinen Namen schleudern, auch jenes Wesen trägt, das sich auf Ihren Armen wiegt. Zeigen Sie sich stark, teure Cousine, eine Todsünde lastet auf Felix von Waldenow. Er verübte sie, ehe ich von dem Bündnis erfuhr, dass der Unselige auf diesem Eiland geschlossen. Felix ist zum zweiten Mal vermählt seit er Ihnen Treue schwor!«

Mit dumpfem Aufschrei sank Hella zu Boden. Das Kind, das ihre Arme noch immer umschlossen, begann laut zu weinen.

»Hella, geliebtes Kind!«, rief Frau Martensen und sprang von ihrem Stuhl auf, der Tochter zu Hilfe zu eilen. Aber mit einem jähen Ruf der Verzweiflung fiel sie in ihren Sitz zurück. Mit hastiger Bewegung riss sie den Schirm von ihren Augen. die nur glanzlos ins Weite starrten, tastend griff sie um sich. »Hella, Hella«, fragte die Matrone mit schmerzlicher Stimme, »ist es denn plötzlich Nacht geworden? Wo bist du?«

Die junge Frau erhielt wieder Leben, sie richtete sich hastig empor und blickte der Mutter angstvoll in die Augen. »Mutter«, sagte sie mit entsetzter Stimme, »Mutter, hier bin ich ja, hier ist ja dein

Enkel. Blicke uns doch an! Sieh, die Sonne scheint ja, und dort, dort streicht eine Möwe an unserem Fenster vorbei. Nicht wahr, du siehst das alles? Ich beschwöre dich, sage: Ja!«

Ein schmerzliches Lächeln umspielte die Lippen der alten Frau, als sie das Haupt neigte und, die Hände faltend, gefasst, versetzte: »Ich werde Gottes Sonne nimmer wieder schauen, ehe ich eingehe in seine Herrlichkeit, nimmer die Möwe, nimmer dich und dein Kind. Der Schlag, der dich traf, traf uns beide. Ich bezahle ihn mit dem Augenlicht. Hella, erschrick nicht: Ich bin blind!«

»Blind!«, jammerte Hella verzweifelnd. »Auch das noch! Ist das Maß des Unglücks noch nicht voll genug?«

Der Edelmann zog sein Taschentuch und machte den Versuch eine nicht vorhandene Träne zu trocknen. Diensteifrig ahmte ihm Herr Lechamps nach.

Hella hatte sich wieder ermannt. Sie legte das Kind in die Wiege, dann trat sie mit einer so stolzen Haltung vor den Edelmann hin, dass sich die unheimlichen Gäste fast wider Willen erheben mussten.

»Herr Waldemar von Herbach«, sagte sie mit fester, wie Erz tönender Stimme »gehen Sie hin und erzählen Sie Ihrem Vetter das Weh und das Elend, dessen Zeuge Sie an dieser Stätte waren. Mögen Sie es ihm sagen, ich liebe ihn noch, den Räuber meines Glückes, liebe ihn als meinen Gatten, den Vater meines Kindes und ewig werde ich ihm die Treue halten, die ich ihm gelobt, und die er frevelnd gebrochen. Möge er glücklich werden an der Seite des Weibes, die betrogen wurde wie ich selbst. Solange Gott meiner teuren Mutter das Leben lässt, werde ich auf der Hallig bleiben, und dann will ich fort mit meinem Kind, in die Fremde, je weiter, je besser. Tot soll sein Vater für den Knaben sein, nur so vermag ich ihn beten zu lehren für den Namen dessen, der ihm das Dasein gab.«

»Verzeihen Sie«, nahm nun Herr Lechamps das Wort, »wenn ich einzuschreiten mich unterfange. Wäre es nicht geratener für beide Teile, wenn die junge Dame und ihr Kind schon jetzt die Insel verließen? Ihre Ehe mit dem Baron Felix ist hier bekannt. Ihr weiterer Aufenthalt auf der Hallig könnte befremden. Nachforschungen würden von ihren Freunden angestellt, Gerüchte verbreiten sich leicht, die Kunde eines Skandals durchfliegt im Nu eine Welt. Sollte sie nicht den Weg von der Nordsee bis zur Residenz finden können? Wenn noch ein Fünkchen der Liebe für meinen unglücklichen jungen Herrn in Ihrer Seele schlummert, bleiben Sie nicht hier. Diese Anweisung, die ich Ihnen im Namen Felix von Waldenows zu überreichen die Ehre habe, wird Ihnen und dem Kind an einem friedlichen Ort der neuen Welt ein stilles, bescheidenes Dasein sichern.«

Mit einer Handbewegung wies Hella das Papier zurück, welches Lechamps ihr entgegenhielt. »Und meine Mutter, was soll aus ihr werden?«, fragte sie fast ironisch. »Wollen Sie vielleicht hierbleiben und der Blinden Stütze sein?«

»Deine Mutter geht mit dir!«, rief Frau Martensen mit fast jugendlicher Lebendigkeit, »ja, fort von diesem Ort, der zur Hölle wurde für uns beide! Oh, Niels Gardberg, wahr sprachst du, als du mein betörtes Kind warntest vor des Fremden Lockung: Hella, du gehst in dein Verderben!«

Und zufällig, wie damals, als er in eifersüchtiger Regung dem Baron Felix in das Haus der Geliebten folgte, erschien auch in diesem Augenblick die kräftige Gestalt des Seemanns auf der Schwelle des Zimmers. Ernst und Trauer lagerten sich auf seinem gutmütigen Antlitz.

»Hella«, sagte er, so weich es ihm möglich, »gute Hella, gute Mutter Martensen.«

Beide Hände streckte ihm die junge Frau entgegen und rief erschütternd: »Niels, Niels, meine Mutter ist blind!« Sie war fast auf die Knie vor dem Seemann gesunken, der sie sanft aufhob und dann die Hand der Mutter mit innigem Druck erfasste.

»Alles weiß ich, Kind, alles. Der schändliche Mann liebt dich nicht mehr, dein Leben an seiner Seite würde doch ein elendes gewesen sein, auch ohne seinen doppelten Verrat. Nimmer sollst du ihn wiedersehen, dass er das Lächeln seines Sohnes entbehrt, sei seine Strafe. Höre mich an«, fuhr er nach einer kleinen Pause fort, »und auch Ihr, Mutter Martensen, hört mich. Um der Heimat Ade zu sagen, wohl ein ewiges Ade, kam ich noch einmal hierher. Ein kinderloser Verwandter im Inneren des südlichen Amerika setzte mich zu seinem Erben ein. Dorthin begebe ich mich morgen in der Früh. Das Schiff dort vor Anker, nach New York bestimmt, steht unter meinem Befehl, ein anderer wird es später heimführen, ich eile von New York dem Ort meiner neuen Bestimmung zu. Dorthin sollt Ihr mit mir, du, die Mutter und dein Kind. Fürchte nicht, dass jemals ein Wort von mir dein Ohr erreicht, dass dich bereuen lassen könnte, meine Bitte erfüllt zu haben«, setzte er lebhaft hinzu, da er Hellas Erregung sah. »Ich bedarf ja eines weiblichen Wesens zur Übersicht meines Haushalts, ich habe ja nur Gewinn, nicht du. Aber vergönne mir, dass ich deinem Sohn ein treuer Pfleger sei und ihm das eine lehren darf, was ich – mehr ist es auch nicht – selbst weiß, nämlich ehrlich zu sein und treu, gewiss Hella, er wird glücklicher sein als wir.«

Hella verbarg ihr Haupt in den Händen, dann aber trat sie vor den Stuhl der Mutter und ließ sich vor ihr nieder. »Mutter«, sagte sie leise, »Mutter, entscheide du, ich habe keine Wünsche mehr, keine Meinung.«

»Und ich entscheide«, erwiderte Frau Martensen feierlich, »nicht zum zweiten Mal soll dein guter Engel dir hilfreich nahen und, zurückgewiesen, von uns scheiden. Ja, Niels Gardberg, in unserem tiefen Elend nehmen wir deinen Verstand an. Segen über dich, Segen!«

»Oh, Dank, tausend Dank!«, rief Niels beinahe freudig, während Edelmann und Kammerdiener einen Blick des Triumphs wechselten.

»So bereitet Euch zur Abreise vor. Nimmer betreten wir Europa wieder!«, fuhr der Seemann in der Überreizung seines Gefühls fort. »Mag jener Elende Weib und Kind vergessen und Todsünde auf Todsünde häufen, sein Verrat gestattet mir, in Hellas Nähe zu weilen, eine Luft mit ihr zu atmen, ihr Leid und ihr Glück zu teilen. Mit Tagesgrauen verlassen wir also die Hallig. Die beiden Herren wollen bis übermorgen hier verweilen, wo ein nach Hamburg bestimmtes Schiff, das hier passiert, sie mitnimmt. Mögen die Halligleute denken, er, den ich nicht nennen will, habe verlangt nach Euch.«

Abb. 9: Ansicht Hamburgs zur Zeit der französischen
Besetzung, 1811

Der Vetter des Barons erhob sich wieder. Lechamps
folgte seinem Beispiel. »Das scheint mir ein ver-
ständiger Plan«, sagte Ersterer, »und es bleibt uns
somit nichts übrig als Abschied zu nehmen von
Ihnen, teure Cousine, ja, so nenne ich Sie. Meine
Aufgabe ist erfüllt, nach dem ich Ihnen dies Papier
überreiche, das Ihre Zukunft...«

Mit heftiger Bewegung zerriss Hella das ihr überreichte Dokument in zwei Hälften, die sie achtlos
zu Boden sinken ließ.

»Und böte mir nicht das Haus des treuesten der
Freunde ein Asyl«, sagte sie, »diese Hände sollten
eher Schwielen bedecken, eher erlahmen in herber
Arbeit, meinem Kind und meiner Mutter Brot zu
gewinnen, ehe ich einen Heller dieses Blutgeldes
nähme, das Verrat mir bietet. Nun, da der Herr Baron von Waldenow ruhig leben kann an der Seite

der ebenbürtigen Gattin in den Hallen der Ahnen, wenn nicht der bleiche Schatten der Verratenen aufsteigt vor ihm, nun gönnen Sie uns, allein zu sein in unserem Elend, Kraft zu sammeln, um alles Weh zu tragen, das diese Stunde über uns gebracht.«

Herr von Herbach und Lechamps machten sich zum Aufbruch bereit.

»Und soll auch ich gehen?«, fragte Niels traurig. »Darf ich nicht reden zu Euch von kommenden, vielleicht besseren Tagen?«

»Auch du, treuer Freund«, erwiderte Hella, dem Seemann die Hand reichend, »bis morgen, Niels, wenn alles bereit. Du sollst auf uns nicht harren.«

Niels seufzte. »Sei es denn«, sagte er, den Herren folgend, die sich mit stumm gegebenem und empfangenem Gruß entfernten.

Ein Wirtshaus gab es nicht auf der Hallig. Dort verweilende Fremde waren auf die Gastlichkeit der Bewohner angewiesen, im Haus des Predigers, der einst dem Vetter ein Unterkommen gewährte, hatten auch Herr von Herbach und Lechamps ein solches gefunden, und sie schritten demselben zu, nachdem sie sich von Niels getrennt hatten.

»Ich möchte jubeln!«, wandte sich der Edelmann unterwegs an seinen Begleiter, »möchte es den verschwiegenen Wellen zuschreien: mein das Majorat von Waldenow, mein all das Glück, das Reichtum der dürstenden Seele darzubieten vermag! Felix' Gesundheit ist zerrüttet, die Kunde, die ich ihm bringe, wird ihn vollends niederschmettern. Ich werde mit ihm reisen, bald hier, bald dorthin, seine Spur muss verschwinden, denn über Nacht könnte Niels, dem plumpen Seeteufel, doch einmal ein vernünftiger Gedanke kommen. Es bleibt uns nur noch eins über, das vermaledeite Blatt aus dem Kirchenbuch zu entfernen, das die Vermählung Felix' bezeugt. Den früher ausgestellten Trauschein händigte Waldenow mir ein, ihn bei anderen Dokumenten zu verwahren.«

»Für das Verschwinden des Wisches aus dem Kirchenbuch lassen Sie mich sorgen, gnädiger Herr«, erwiderte der Kammerdiener, »nicht umsonst steht die Kirche auch zur nächtlichen Stunde offen. Diebe scheint man hier nicht zu fürchten, zudem dürfte es eine dunkle, stürmische Nacht werden. Sehen Sie nur, wie eigentümlich der Himmel sich bezieht. Ich fürchte, wir erleben hier einen Sturm.«

Der Edelmann blickte zum Horizont empor. In Südwesten stand noch die Sonne, aber alle ihre Strahlen schienen sich nach oben zu werfen, ein dunkles Gewölk war unter ihr hervorgetreten, dessen Rand in gelbgrauen Farben spielte. Ganz in der Ferne aber zeigten sich schwere, schwarze Wolkenmassen, die langsam vorrückten, Zoll um Zoll, und das Meer unter ihnen bäumte sich ungebärdig auf wie in Erwartung des Kommenden. Hin und wieder rauschte auch ein stärkerer Luftstrom über die Wellen. Plötzlich blieb Herbach stehen und deutete in die Ferne. »Sieh doch, Lechamps, bei Gott, er ist es, Leo Barfeld, der Freund Hermann Leisenbergs. Wir glaubten ihn tot oder verschollen, er darf uns nicht sehen, nichts von unserer Anwesenheit erfahren, wenigstens nicht eher, als bis die Weiber glücklich entfernt sind. Er hat das Zeug dazu, unsere Pläne zu durchschauen. Überdies möchte ich ihm nicht gerne begegnen, ich liebe aufregende Szenen nicht. Also hier, hier der gefeierte Gesellschafter, der Liebling der Damen, hier unter Robben und Seehunden.

Ich weiß nicht, soll ich dies Ende komisch oder tragisch finden?«

Lachend betrat er das Pfarrhaus, in dem ihnen angewiesenen Zimmer setzten Herr und Diener ihre Unterhaltung fort.

Nacht war es geworden. Mit lindem Flügelschlag hatte sich der Schlaf zur Erde gesenkt und streute seine Gabe aus über Hütte und Palast. Auch über die Hallig war er gegangen, mit milder Hand. Vergessen den gramerfüllten Seelen der Leidenden bietend, selbst die blinde Mutter schlief und auch Hella auf dem Lager neben der Wiege ihres Kindes.

Nur draußen in der Werkstatt der Elemente schlief nichts, das Meer nicht, das höher und höher schwoll, und der Wind nicht, der stärker und stärker blies, dass das leicht gebaute Häuschen der Witwe Martensen vor seinem Angriff erbebte.

Es war kaum 11 Uhr des Abends, und erst um die zweite Morgenstunde durfte die Flut sich wieder nahen. Aber heute Abend schon wälzten sich Ströme Wassers vom Meer her in breiten vollen Wogen, schäumend und rauschend. Sie rollten dahin über die Hallig, sie stiegen höher und höher, jedes Haus in ihren Gürtel einschließend, und wehe der Warft, deren Zustand nicht stark genug war, ihnen Trotz zu bieten.

Hella erwachte zuerst vom Pochen und Stürmen an den Mauern. Erschreckt fuhr sie empor und eilte ans Fenster. Durch zerrissenes Gewölk warf ein fahles Mondlicht seine Strahlen auf die Hallig. Soweit der jungen Frau Auge reichte, staute sich Wasser, nichts als Wasser, das schon beinahe bis an die kleinen Scheiben gestiegen war, hinter denen sie stand. Schon trieb hier und dort ein leichter Gegenstand, wahrscheinlich von der Heftigkeit des Wassers aus Wohnungen entführt, auf der Oberfläche, und im nächsten Augenblick rann es auch in ihr Stübchen. Das Element drängte sich mit dräuender Gewalt ein. Es quirlte und schäumte höher auf.

Hella riss ihr Kind aus der Wiege und eilte an das Lager der schlafenden Mutter.

»Mutter, Mutter, das Wasser kommt. Wir müssen zum Boden hinauf!«

Dieser Ruf scheuchte die Schlummernde empor. Stärker als die Worte Hellas überzeugten die Donnerschläge an die Tür die Blinde von der drohenden Gefahr. Rasch erhob sie sich und hüllte sich mit ihrer Tochter Hilfe in einen warmen Mantel, während eine Decke den Knaben auf Hellas Arm gegen Kälte und Wasser zum Schutz gegeben wurde. Dann öffnete die junge Frau vorsichtig die Tür, aber mit lautem Schrei prallte sie zurück, denn mit unwiderstehlicher Macht flutete es herein, und nun ein Stoß und noch einer. Das Haus bebte und wankte unter ihren Füßen. Bald drang das schäumende Seewasser auch durch die Fenster. Überall Wasser, überall gleiche Not, gleiches Elend. Da trieb ein Balken vor Hellas Blicken, ein Halbdach schleppte hinter ihm, aus ihm ertönten Klagerufe. Ein Ehepaar glitt auf den Trümmern ihres Hauses dem sicheren Grabe entgegen.

»Mutter«, Hellas Stimme klang fast freudig, »Mutter, alles Weh, alles Leid hat ein Ende. Wir sterben!«

Fest presste sie ihr Kind an ihre Brust, mit dem anderen Arm umschlang sie die still betende Mutter.

Die Hallig bot ein Bild dar, wie es sich schauriger die kühnste Fantasie nicht zu malen vermag, und doch ist es, was hier dem Leser angedeutet wird, kein bloßes Gebilde, sondern der schwache Versuch, wirkliche Erlebnisse in Umrissen zu gestalten.

Die in jener schrecklichen Nacht aus dem Schlaf gescheuchten Bewohner flüchteten sich und ihre Habe zu den höchsten Teilen ihrer Häuser, während in den unteren Räumen das Wasser mit dem Eigentum der Unglücklichen schaltete und waltete. Ein Wogenmeer, soweit das Auge reichte und in ihm Trümmer, Menschen, die in jammernder Verzweiflung dahintrieben, und darüber hin das Brausen der empörten See stärker als Donnerschall, das Krachen der hier und dort einstürzenden Häuser übertönend. Durch die dahinjagenden Wolken blickte des Mondes Scheibe, als müsse er leuchten zum Werk der Zerstörung und den Augen der Unglücklichen den ganzen Anblick des Entsetzlichen offenbaren.

Da schwankt, von einem einzelnen Ruderer geleitet, ein Kahn durch den Wogenschwall und versuchte sich dem Haus der Witwe zu nähern. Niels Gardberg war der Führer des Fahrzeugs, der sein Leben einsetzte, das jener zu retten, die seinem Herzen nahestanden.

Schon glaubte er sich am Ziel, schon glaubte er durch das Wasser die Gestalt Hellas zu erkennen, da dröhnte und krachte es vor ihm, ein Aufschrei des Entsetzens entwand sich seiner Brust. Er sah, wie die ihm zugewandte Seite des Häuschens sich neigte, tief und tiefer. Ein doppelter Angstruf drang zu ihm, dann brach das Haus der Witwe zusammen, drei Menschen unter sich begrabend. Brausend schossen die Fluten darüber hin. Wie gebrochen sank Niels zusammen. Was kümmerte ihn noch der Kampf um das Leben, mochten jetzt die Wogen Schiffer und Kahn vernichten! Willenlos wurde das Fahrzeug dahingeschleudert. Die Wogen schienen mit dem Opfer, das sie verschlingen würden, erst noch spielen zu wollen.

Da drang ganz in der Nähe des Bootes ein seltsamer, feiner, gurgelnder Ton durch das Wogengelärm. Niels blickte um sich, es trieb ein kleiner heller Ballen auf den Wellen. Der Seemann konnte den Gegenstand fassen, er zieht denselben empor. Es war ein Kind in eine Decke gehüllt. Es war Hellas Kind, das er wie durch ein Wunder aus dem Wasser gefischt, und das Knäblein lebte noch, es atmete.

Das Herz wollte dem Seemann brechen vor Jubel und Wehmut zugleich. Sorgsam legte er den weinenden Knaben auf den Boden des Kahns nieder, dann griff er mit erneuter Kraft zum Ruder.

»Ich verstehe dich, Allmächtiger, und dein Walten«, sagte er mit gehobener Stimme, »leben soll ich, dieses Kindes halber, leben, dass du mir in die Arme legst, wie ein mir anzuvertrauendes Pfand. Es soll das meine sein, sein Vater verleugnet es, seine Mutter deckt das Wogengrab, tot sei der Knabe für die Welt, nur nicht für mich. Ich will ihn aufziehen, wie ich es Hella versprach. Gedeihen soll er in der Luft des freien Landes. Keiner ahne, welch kostbares Pfand mir das Grab alles Lebenden zurückgegeben. Du Gott, lenke du meinen Arm und stärke meine Sehnen dieses schuldlosen Wesens halber, das zu retten du mich auserkoren!«

Eine Stunde später trat der Kammerdiener Lechamps zu seinem Herrn, der, zitternd für sein Leben, sich in die höchste Bodenkammer des Pastorenhauses geflüchtet hatte, dessen untere Räume bereits ebenfalls von Wasser angefüllt waren.

»Eine Nachricht von Wichtigkeit, gnädigster Herr«, meldete er. »Die Gefahr ist vorüber, das Wasser verläuft sich. Aber es ist viel Unfug geschehen, die Kirche, alt und baufällig, konnte dem Andrang der Wellen nicht widerstehen, mit ihr wurde natürlich auch das Kirchenbuch vernichtet. Das furchtbare Element spart mir die Arbeit.«

»Tatsächlich, das Schicksal begünstigt mich«, meinte der Edelmann lachend, »es wäre mir noch lieber, erführe ich, dass Mutter und Tochter nebst dem kleinen Sprössling sich an den Altar geflüchtet, es wäre immer sicherer, Lechamps.«

»Wenn es nichts weiter ist, gnädigster Herr, auch diesen Wunsch erfüllte Ihnen das Geschick. Die ganze Familie liegt unter den Trümmern ihres Hauses begraben, und der Baron Felix hat weder Gattin mehr noch Kind, und nur noch seinen Vetter Waldemar von Herbach, der bald auf Waldenow Majoratsherr sein wird.«

Der Edelmann wechselte doch die Farbe bei dieser Nachricht. »Lechamps, das ist ein furchtbares Ende. Aber von wem weißt du...«

»Von Niels Gardberg, dem ein Versuch, den Unglücklichen Rettung zu bringen, fast selbst das Leben gekostet hätte, und der die ganze Familie vor seinen Augen versinken sah. Erschöpft kam er eben ins Pastorenhaus, um hier seine Hilfe anzubieten. Morgen mit dem Frühesten will er fort auf Nimmerwiedersehen.«

»Und übermorgen kehren wir nach Haus zurück, um dem Herrn Vetter statt Kind und Gattin die Todeskunde beider zu überbringen. Lechamps, dieser glückliche Zufall vermindert meine Dankbarkeit nicht, die ich für dich hege.«

»Und die mir zum Lohn ein Kapital versprach, in einer fremden Stadt ein eigenes Geschäft zu gründen. Ich bin es müde, Diener zu sein!«

»Gewiss, Lechamps, gewiss, und sobald ich die Erbschaft meines teuren Vetters angetreten, verdreifache ich die Summe. Du sollst mit mir zufrieden sein.«

Abb. 10: Hamburger Hafen mit Schleppern und
Viermastbark

Kapitel 4

Auf die Bewohner der Residenzstadt B. schien der Winter noch einmal seinen ganzen Grimm ausgeschüttet zu haben, ehe das erste Sonnenlächeln des Frühlings ihn hinwegscheuchte. Berge Schnees hatte ein Abendwind über Straßen und Märkte geschüttet, als wolle er sie darunter begraben die trotzigen Menschen, die seiner spotteten hinter dicht verhängten Fenstern, und aus deren Schornsteinen ihm der Rauch aus Öfen und Kaminen entgegen wirbelte, dass ihm die Augen übergingen und immer unsicherer seine Hand wurde, die an den Scheiben Eisblumen zeichnete als Visitenkarte. Aber nun kam auch die freundliche Sonne noch den Trotzigen zur Hilfe, der Schnee zerrann, die weißen Blumen schmolzen und unter der Schneedecke sprosste junges Grün, das vorlaut, wie ein übermütiges Kind, der Welt die selige Kunde zulächelte: »Frühling ist gekommen!« Und nun brachen sie alle hervor des Lenzes zarte Sprossen. Die Vöglein probierten ihre Kehlen, das Schneeglöckchen läutete und: Frühling, Frühling jauchzten die Menschen, und Frühling grollte der mürrische Winter verschwindend, aber drohend ballte er die Faust. »Auf Wiedersehen!«, sollte das heißen.

Durch die Straßen der Stadt schritt ein bleicher, hoch gewachsener Mann in schwarzer Kleidung. Wir kennen ihn, es ist Leo Barfeld. Die wenigen Monde, die verstrichen, seit er Lydia Bernheim Gastfreundschaft erwiesen, hatten den Zug des Leidens in seinem Antlitz noch vermehrt, wenngleich dieser Ausdruck seiner männlichen Schönheit keinen Abbruch tat.

Soeben bog er in eine der vornehmsten Straßen ein und ließ rechts und links die Blicke schweifen, als suche er ein bestimmtes Gebäude. Da lagen vor seinen Blicken die stattlichen Häuser, von reichen Leuten bewohnt. Die Sonne ließ das Weiß der Mauern doppelt leuchten und heller die hohen Spiegelscheiben der Fenster glänzen, hinter denen meist die Vorhänge herabgelassen waren.

Langsam ging Leo seines Weges, bis er das Ende der Straße erreicht hatte. Hier. abgesondert von den übrigen Gebäuden, erhob sich ein stattliches Haus, das, vom Trottoir der Straßen zurückliegend, durch einen Vorhof, dessen Mitte eine kunstvoll gearbeitete Fontaine zierte, seinen aristokratischen Charakter deutlich zur Schau trug. Doch hatte weder die Aristokratie des Geistes noch die der Geburt diese glänzenden Räume gegründet, sondern die Aristokratie des Geldes. ›Erbaut von Ludwig Gotthardt Bernheim 1820‹ stand auf einer Marmortafel, am Eingangstor des Vorhofes angebracht. Der reiche Handelsherr hatte hier sein Andenken verewigen wollen.

Leo hielt den Schritt an. Sein Auge starrte auf das Haus, dessen Haupttür weit geöffnet war und den Einblick in das mit Marmor bekleidete, mit exotischen Gewächsen ausgeschmückte Treppenhaus gewährte. Hin und wieder zeigte sich ein Diener in himmelblauer, mit Silber bordierter Livree, der, wie jemand erwartend, in den Vorhof trat und die Straße hinunterblickte.

»Hier also!« Leo Barfeld seufzte tief. »Hier also weilt Lydia!«

An dieser Stätte des Reichtums herrschte sie, und alle Freuden des Lebens, alle Herrlichkeiten der Welt schmiegten sich zu ihren Füßen, während der arme Einsiedler der Hallig an sie Tag und Nacht dachte und nimmer sie vergessen konnte.

›Ich wollte ihren Namen ausmerzen in meiner Brust, ach, vermag ich es?‹, fuhr Leo im Selbstgespräch fort, ›aber Lydia Bernheim, ruft mir das Zeitungsblatt entgegen, das vom letzten glänzenden Ballfest in ihrem Haus meldet. Lydia Bernheim nennt das Geplauder des Feuilletons die Königin der Mode, und Lydia Bernheim flüstert mir jeder Gegenstand meiner Hütte zu, die von der Erinnerung an den ehemaligen Gast geweiht wurde. Ich segnete den Zufall, der mich zwang, in die Residenz zu eilen. Noch einmal wollte ich sie sehen, die Stätte betreten, wo sie weilt. Ihr Kind wollte ich sehen und es segnen und dann zurück fliehen in meine Einsamkeit. Aber ich tauge nicht in dieses Haus des Glanzes. Lydia Bernheim, die mich verließ, so gut, von edlen Vorsätzen so erfüllt, die finde ich sicher nimmermehr in diesem Prunkpalast. Ich mag sie nicht sehen, zurück denn!‹

Er wandte sich zum Gehen, aber plötzlich stockte sein Fuß. Wie gebannt blieb er an seinem Platz stehen. Eine kleine Kavalkade kam die Straße daher, an ihrer Spitze eine Dame in einem Reitkleid von schwarzem Samt, das blonde Haupt mit den leicht geröteten Wangen und den blitzenden Augen war durch ein schwarzes Hütchen geschmückt, von dem ein blauer Schleier luftig im Wind flatterte. Ihr zur Seite ritten zwei Herren. Der eine, ein älterer Mann, in Uniform, der andere, jung und stattlich, in elegantem Reitanzug.

Leo kannte das Antlitz der Reiterin, erkannte die Stimme, die lachend, silberhell an sein Ohr schlug, und sein Herz zuckte krampfhaft zusammen. Der Diener in blauer Livree war aus dem Haus gestürzt und hatte weit den eisernen Flügel des Hoftors aufgerissen. An Leo vorbei sprengten die Reiter, mit zurückgehaltenem Atem schaute er ihnen nach. Aber plötzlich wandte Lydia das Haupt, ihr Blick fiel auf den regungslos Dastehenden. »Barfeld bei Gott, er ist es, mein gütiger Schützer!«

Wie ein Jubelruf klang dies Wort von ihren Lippen, wie die Freude eines beglückten Kindes leuchtete es aus ihren Augen, als sie, leicht wie eine Feder, sich vom Pferd schwang und auf Leo Barfeld zueilte, dessen Hand sie erfasste.

»Und nun lasse ich Sie nicht wieder, Sie sind mein Gast«, rief sie, »hier der Bruder meines verstorbenen Gemahls, der Major Bernheim.« Sie wies auf den Offizier, »hat das zweite Stockwerk meines Hauses inne, bei ihm sollen Ihnen Zimmer eingerichtet werden. Aber kommen Sie, kommen Sie ins Haus, das einen der geehrtesten Gäste empfängt, die je unter sein Dach getreten sind!«

Fast willenlos ließ sich Leo von dem Zauber berücken, der ihn umgab. Wie süße Musik tönten Lydias Worte in sein Ohr, und nun war er drinnen in ihrem Haus, durchschritt an ihrer Hand prächtige Säle und Zimmer. Ein hoher Trumeau widerstrahlte eben seine Gestalt«, einen hoch aufgerichteten, einen anderen Mann, als sechs Jahre ihn gekannt, nicht mehr den Einsiedler der Hallig, einen Weltmann, gewohnt sich auf dem Parkett des Salons zu bewegen. Still bewundernd hing das Auge der jungen Frau an ihm, die an seiner Seite dahin schritt in ihrem samtenen Kleid, dessen Schleppe hinter ihr rauschte.

Sie saßen einander gegenüber, wie vor wenigen Monden, als die Wogen der Nordsee die junge Witwe ans Halligeiland geworfen hatten. Die Mittagszeit war vorüber. Der Major hatte sich dienstlicher Angelegenheiten halber entfernt und Lydia mit ihrem Gast im Salon allein gelassen. Die Menschen waren dieselben, und doch wie anders die Umgebung! Statt einer Hallighütte ein mittelgroßer, teppichbelegter Raum, dessen Wände mit dunkelroter Seide bezogen waren. Statt der Holzstühle schwellende Samtfauteuils. Seltene Gewächse des Tropenlandes erhoben sich in einer Nische. Ein kostbarer Lüster hing vom kunstvoll gemalten Plafond. Wohin das Auge auch fiel, überall sah es Reichtum und kunstsinnigen Geschmack.

Mit sichtlicher Freude beobachtete Lydia, die, nach Hause gekommen, sofort ihren Reitanzug mit einem einfachen Kleid von schwerer, schwarzer Seide getauscht hatte, den wohltuenden Eindruck, den ihre Häuslichkeit auf Leo auszuüben schien, und der sich fast wider seinen Willen dem ungewohnten Zauber des Komforts hingab. Jetzt neigte sie sich näher zu ihm und mit innigem Ton, der aus dem Herzen kam, sagte sie: »Nicht wahr, Herr Barfeld, Sie nehmen Ihr Wort zurück, das sie bei Tisch äußerten und Sie reisen diesen Abend noch nicht. Sie bleiben noch mein Gast. Ich beurlaube Sie nicht so bald.«

Barfeld fuhr zusammen, als erwache er aus einem Traum. »Und doch, ich darf nicht länger weilen«, erwiderte er. »Ich wollte Sie eigentlich nicht wiedersehen, gnädige Frau. Ich, ich verschone meine Freunde gern mit einem unbequemen Gast, wie ich es bin, und doch zog mich der träumerische

Eigennutz der Seele zu der Absicht, wenigstens die Stätte zu sehen, wo meine Freundin als Herrin walte. Nun fand ich Sie selbst wieder und konnte nicht widerstehen, hier einzutreten. Lassen Sie das genug sein. Ich kehre gern auf mein stilles Eiland zurück. Ich weiß Sie glücklich.«

»Glücklich?« Lydia betrachtete ihn scharf. »Wer weiß! Aber«, fuhr sie den Ton ändernd fort, »nicht einmal mich sehen zu wollen, da Sie sich hier in der Residenz aufhielten, unser Begegnen einem Zufall zu überlassen, oh, Herr Barfeld, Sie können grausam sein!«

»Grausamer die Qual, die ich von hierin meine Einsamkeit zurücktrage«, tönte es in Leos Seele. Dann aber sagte er laut:

»Ich kam hierher, um ein kleines Kapital zu retten, das durch den Bankrott des Handelshauses, dem ich es anvertraut hatte, auf dem Spiel stand. Ich langte zu rechter Zeit hier an, und nur dieser Umstand, für andere geringfügig, für mich bei meinem erwählten Beruf von großer Bedeutung, vermochte mich wenige Tage in die Welt zu schleudern, der ich für immer entsagt habe. Doch noch einen Wunsch hätte ich, noch eine Bitte, ehe ich Ihnen Lebewohl sage: Lassen Sie mich Ihren Sohn sehen, gnädige Frau.«

Ein flammendes Rot bedeckte Lydias Wangen. »Meinen Sohn, oh, gewiss, Sie erfüllen meinen eigenen
Wunsch durch Ihr Verlangen. Aber dann müssen Sie schon verweilen, nur bis morgen. Wir werden dann zu ihm fahren.«

Leos Antlitz verdüsterte sich. »Sie halten ihn noch immer fern von sich? Fremde, Bezahlte erfüllen an ihm die Pflichten, die der Mutter zukommen? Doch verzeihen Sie, was kümmert es mich?«

»Sie sind bitter, Barfeld«, sagte Lydia beschämt und beinahe verletzt, »und mit Recht dürfen Sie es sein. Ja, tadeln Sie, schelten Sie mich. Ich will es ruhig tragen. Ich bin ein Kind des Augenblicks. Als ich die Residenz betrat, als die Atmosphäre der Salons mich mit magischem Fluidum aufs Neue durchströmte, da vergaß ich, nicht meines Freundes auf der Hallig, aber dessen, was ich ihm gelobt. Ich fand meinen Knaben gesund, glücklich, in guter Pflege. Sollte ich ihn in andere Luft versetzen? Ich ließ ihn, »wo er war und gut gedieh. Aber, obwohl ich das Leben mit vollen Zügen genieße, so bin ich mir doch bewusst, die ganze Liebe meines Herzens meinem Kind bewahrt zu haben und meinen Namen, den ich ihm vererbe, so reinzuhalten, dass nicht der leiseste Vorwurf ihn zu beflecken vermag. Der bejahrte Bruder meines Gatten, als Ehrenmann geachtet, ist mein natürlicher Beschützer. An ihm würde ich den strengsten Richter finden. Was nun meinen Emil betrifft, Sie selbst sollen sich morgen überzeugen, ob er der Pflege entbehrt. Nicht wahr, Sie bleiben bis dahin?«

»Morgen? Warum nicht heute noch? Es ist kaum Nachmittag.«

»Heute, nein, sich zu verstellen vermag Lydia Bernheim nicht«, rief die junge Witwe, »heute ist die letzte Soiree im Haus des russischen Gesandten. Die Robe habe ich mir aus Yaris dazu verschrieben, ein Meisterwerk der Toilettenkunst. Ich lege sie an, fliege auf eine halbe Stunde hin, erobere alle Herzen, zerstöre das Vergnügen der meisten Damen, lasse mir hier Komplimente sagen, überhöre dort das Flüstern der Medisance und husch, husch, bin ich wieder hier, zu plaudern von vergangenen Tagen. Morgen aber fahren wir zu meinem Emil, meinem süßen Knaben, nicht wahr?«

»Ich sollte Ihnen zürnen, gnädige Frau, und doch ich vermag es nicht«, erwiderte Barfeld. »Nun wohl, wir werden morgen Ihren Sohn besuchen. Ich will nicht heimkehren in meine Einsamkeit, ohne das Kind Lydia Bernheims geküsst zu haben.«

Kapitel 5

Der Abend war gekommen, in den Straßen wurden die Laternen angezündet. Das ganze belebte Treiben einer Residenz mit seinem Wogen und Drängen, das mit der Dämmerung zu beginnen pflegt, entfaltete sich vor Leo Barfelds Blicken, als er, durch die Straßen schreitend, dem nächsten Tor zu wandelte, ein wenig frische Luft zu schöpfen, während Lydia sich in ihr Ankleidezimmer zurückgezogen hatte, um ihre Pariser Soiree-Toilette anzulegen. Die Luft war mild, und in tiefen Zügen atmete Leo im Freien die so gewohnte frische Luft, die er in den Mauern der Stadt entbehren musste. Weiter schritt er und weiter seines Weges, die Residenz wie ihre Umgebung war ihm fremd. Er freute sich des herrlich geebneten Weges, der stattlichen Landhäuser rechts und links, von denen die meisten noch nicht bezogen waren.

Ein Reiter sprengte eben den Fahrweg der Chaussee entlang. Er schien es eilig zu haben. Funken sprühten unter den Hufen des Pferdes auf, in rasender Karriere, unaufhaltsam ging es vorwärts.

»Emil, Kind, wo bist du?«, tönte eine ängstliche Frauenstimme neben Leo. Sie kam von einer bejahrten, halb städtisch, halb bäurisch gekleideten Person, die sich bei einem anderen Frauenzimmer in dem Vorgarten einer der Villen unterhalten hatte und jetzt ans Eisengitter lief.

»Emil«, wiederholte sie, »wir haben dich ganz vergessen. Längst solltest du zu Bett sein, komm, komm!«

Ein lauter, schriller Angstschrei eines Kindes antwortete ihr, ein Fluch von den Lippen des Reiters folgte. Dann sprengte der Fremde unbekümmert weiter. In der Mitte des Fahrwegs aber lag ein ächzendes und stöhnendes Kind. Das Pferd war über dasselbe hinweggegangen, und hatte es mit seinem Huf berührt. Blut quoll aus einer Wunde des blond gelockten Köpfchens.

Wie ein Blitz so schnell war Leo bei dem Kind. Er hob es in seine Arme, sanft, ganz sanft, und nun schlossen sich die blauen Augen des Kleinen, und es senkte sich das zarte Haupt auf des fremden Mannes Schulter. Das Bewusstsein des Kindes schwand.

Inzwischen waren auch die alte Frau und ihre Gefährtin, laut jammernd, herbeigeeilt.

»Ach du großer Gott, welch ein Unglück! Was wird die gnädige Frau sagen? Ich unglückliche Person! Emil, mein süßer Emil, nicht wahr. Du bist nicht tot? Sieh doch deine alte Martha an.«

»Still, still«, gebot Barfeld, »hier tut vor allen Dingen rasche Hilfe not. Der Knabe gehört in eines dieser Häuser, nicht wahr?«

»Hier, Herr, hier!« Die Frau deutete auf das Gebäude, aus dessen Garten sie hervorgestürzt war.

Barfeld eilte, den Knaben auf dem Arm, hastig ins Haus. Eine junge Magd kam ihnen entgegen. »Welches Unglück!«, rief sie, »ist das Kind tot?«

»Gott gebe, dass es nur Ohnmacht ist!«, versetzte Barfeld, »geschwind ins Bettchen, ich will die Wunde untersuchen, und Sie«, wandte er sich zur Alten, »benachrichtigen Sie doch die Eltern, und Sie«, rief er der Magd zu, »rennen Sie zum nächsten Arzt!«

Die Alte hatte ein freundliches Zimmer geöffnet, wo in der Nähe eines größeren Lagers sich ein Kinderbettgestell befand. Jetzt flüsterte sie der Magd einige Worte zu, die eilends verschwand. Dann trat sie zu Leo, der, nachdem er den Knaben entkleidet und sanft gebettet hatte, die Wunde am Kopf untersuchte.

»Feines Linnen, Wasser, aber schnell!«

Zitternd brachte die Frau das Verlangte. Leo wusch und verband dann das Köpfchen des Knaben, der, von der Berührung des kalten Wassers aus seiner Lethargie erweckt, die Augen ein wenig aufschlug und sich stöhnend auf seinem Lager herumwand.

»Gnädiger Herr«, flüsterte die Alte, »ich bitte Sie, sagen Sie nicht meiner Herrschaft, dass ich vernachlässigte, auf den Knaben aufzupassen. Es ist das erste Mal, dass er um diese Zeit nicht zu Bett war. Aber die Haushälterin des Nachbars erzählte mir eben, er muss dieselbe Minute aus dem Garten gelaufen sein, ohne dass wir eine Ahnung hatten...«

»Ruhe! Es wird sich finden«, unterbrach Leo sie ebenso leise. »Doch warum erscheint noch keiner der Verwandten des Kindes hier? Wer ist denn Ihre Herrschaft?«

»Ich habe bereits die Rike zum Arzt und zur gnädigen Frau gesandt. Die Mutter des Kindes hat mir den Kleinen anvertraut und heißt Frau Lydia Bernheim.«

Mit Gewalt presste Leo den Schrei zurück, der sich seinem Mund zu entringen drohte. Lydias Kind war es, das seine Arme getragen hatten. Lydias Kind, hinter dessen Lager düster der drohende Todesengel aufstieg, Lydias Kind, das blutend, ächzend sich in Schmerzen wand, und seine Mutter rauschte mit der Pariser Seidentoilette in den Sälen der russischen Gesandtschaft, seine Mutter tanzte!

Er sprach kein Wort mehr zur Alten. Stumm setzte er sich nieder. Seine ganze Seele, sein ganzes Sein schien an jedem Atemzug des Kindes zu hängen.

Endlich wurde es geräuschvoll im Haus. Der zunächst wohnende Arzt von der Botin zur höchsten Eile ermahnt, war vorgefahren und trat eiligst ins Zimmer. Kunstgerecht prüfte er die Verletzung des Knaben. »Nicht absolut tödlich, aber sehr gefährlich«, sprach er, »eine halbe Linie tiefer, und das Kind wäre schon eine Leiche. Wer hat die Wunde verbunden?«

»Ich Herr Doktor«, antwortete Leo, »ein Fremder, den die Hand Gottes leitete. Die Abgelegenheit meines Domizils hat mich genötigt, dass ich mir einige kleine chirurgische Kenntnisse erworben. Ich bin oft in der Lage, Menschen Beistand leisten zu müssen.«

»Ihr erster, sachgemäßer, energischer Beistand hat vor der Hand dem Kind eine gefährliche Krisis erspart. Morgen in der Früh komme ich wieder, jetzt ruft mich leider die Pflicht weiter.«

Von der Alten geleitet, entfernte sich der Arzt. Still wurde alles wie vorher.

Inzwischen hatte völlige Dunkelheit der Nacht die Herrschaft angetreten. Das Krankenzimmer wurde von einer kleinen, grün beschirmten Lampe notdürftig erhellt, und das matte Licht verbarg Leos bleiches, zuckendes Antlitz am Lager des fremden Kindes.

Plötzlich rasselte wieder ein Wagen vor das Haus. Nun kamen leicht beschwingte Tritte die Stiegen empor, wie Seide rauschte es auf dem Flur. Die Tür wurde aufgerissen, und erschreckt fuhr der kranke Knabe zusammen. Ein duftiger Hauch von

Veilchen und Esbouquet gemischt, strömte durch das Zimmer, und eine Dame rief: »Mein Emil, oh, mein geliebter Sohn!«

Am Bett ihres Kindes brach Lydia Bernheim zusammen, eine Wolke von Bändern und Spitzen! Es konnte keinen größeren Kontrast geben, als die Erscheinung der Mutter im Krankenzimmer des Knaben, den der Tod jeden Augenblick zu erreichen drohte. Eine Robe von roter Seide, langschleppend, umrauschte die zierliche Gestalt der Witwe, kostbare, weiße Spitzen, perlenbetaute Blumen bildeten den reichen Besatz, und ein Bouquet gleicher Blumen von einer Reiherfeder gehalten, schmückte das Haupt, dessen Antlitz jetzt nicht minder bleich war, als das ihres verwundeten Kindes auf den Kissen.

Der Kleine öffnete die Augen und schloss sie gleich wieder. »Nicht Mama holen«, bat er leise. »Emil macht schönes Kleid schmutzig, hörst du, guter, fremder Mann?«

Lydia erhob, wie hilfesuchend, den Blick auf Barfeld, der sie fest ansah, als wolle er bis in die Tiefe ihrer Seele schauen.

»Oh, mein Kind«, flüsterte die zerknirschte Mutter alsdann wieder, »wie furchtbar rächst du dich! Emil«, fuhr sie etwas lauter in zärtlichem Ton fort. »Emil, mein süßes Kind, deine Mutter ist ja bei dir, wird bei dir bleiben, immer, immer, werde nur gesund. Wir wollen zusammenspielen und Blumen pflücken und lachen, nicht wahr, Emil? Lachen.«

Groß starrte der Knabe auf Lydia, der Paroxysmus des beginnenden Fiebers leuchtete aus seinen Augen: »Weg, weg, Frau! Dein Kleid ist gefärbt mit Emils Blut. Jage sie doch weg, du guter Mann, Martha!«

Das Kind verstummte und schloss die Augen. Mit einer hastigen Bewegung riss Lydia die Blumen von ihrem Haupt und schleuderte sie in die Mitte des Zimmers, die zarten Hände zerrissen den kostbaren Spitzenüberwurf der Robe. Die Lippen der Unglücklichen waren fest aufeinandergepresst, aber ihre Augen sprachen von dem grenzenlosen Jammer ihrer Seele.

Jetzt trat Barfeld an sie heran. »Gnädige Frau«, redete er sie sanft an.

Lydia fuhr empor. »Sie haben ihn gerettet? Leo, Leo, Gottes Hand ist in Ihnen! Sie haben mein Kind mir, meinem Kind seine Mutter zurückgegeben. Wagen Sie noch, sich von uns zu trennen?«

Die schöne Frau schluchzte. Der Eintritt der Alten schnitt eine Antwort Barfelds ab. Martha brachte Medizin, die Lydia dem fiebernden Kind einflößte, das wenige Minuten darauf in sanften Schlummer sank.

»Gnädige Frau«, sagte jetzt behutsam die Alte, »es ist ein Herr im Saal, der eben aus der Stadt mit dem Herrn Major Bernheim gekommen. Er wünscht dringend, Sie zu sprechen.«

»Keinen will ich sehen, keinen sprechen. Hier am Lager des Kindes ist der Platz der Mutter«, gab Lydia ebenso leise, aber schnell zurück.

»Und doch«, riet Leo, »möchte ich Sie bitten, die Herren zu empfangen, wenn auch nur auf Minuten. Sie sind so aufgeregt, und einige Augenblicke, selbst nur erzwungener Fassung, werden schon guttun. Unterdessen werden wir den Knaben ruhig schlummern lassen und ihn vom Nebenzimmer aus beobachten. Schon das Geräusch eines Trittes könnte ihn aus seinem leichten, heilsamen Schlummer aufscheuchen.«

»Sie wünschen, dass ich gehe«, sagte Lydia fast demütig, »wohl, ich gehe, weiß ich Sie doch bei ihm.«

Zehn Minuten waren verstrichen, als sie zurückkam. Die Tür des Nebenzimmers stand geöffnet, eine Kuppellampe brannte in demselben und verbreitete ein mildes wohltuendes Licht. Am Bett des Knaben saß die alte Martha. Barfeld stand am Ende des anderen Zimmers. »Wie bleich Sie aussehen«, flüsterte er der Dame zu. »Der Besuch hat Sie, ich fürchte es, nur noch mehr erregt.«

»Das hat er, bei Gott! Oh, ich möchte sie alle fliehen, mit denen ich die schnöden Vergnügungen des eleganten Lebens geteilt, und um die ich, sorglos genug, fremdem Schutz mein Kind anvertraute. Ich sollte Martha zürnen, und ich vermag es nicht, denn sie war nur das willenlose Werkzeug in des Schicksals Hand, die mich treffen sollte für meinen Frevel. Aber hier in dieser Stunde vernehmen Sie den heiligen Eid einer Mutter. Mein Kind soll fortan mein alles, mein Höchstes sein. Nie mehr soll es von meiner Seite kommen, und die Narbe an seinem lieben Haupt soll mir als eine ewige Mahnung gelten.«

»Zürnen Sie der Prüfung nicht, die Sie zu Ihrem Herzen zurückführt.«

»Diese Prüfung erspart mir keine Demütigung, denn soeben empfing ich den Mann, der fast zum Mörder meines Sohnes geworden wäre. Erinnern Sie sich des Baron von Waldenow, der der bedauernswerten Hella Martensen seine Hand reichte?«

»Allerdings, aber ich habe nie wieder etwas von ihm gehört, seit Kind und Gattin von den Trümmern des Hauses begraben wurden.«

»Der unglückliche Witwer besitzt in einiger Entfernung von hier ein prächtiges Gut. Er verweilt jedoch dort nicht, verbrachte vielmehr mit seinem Vetter Waldemar von Herbach, der ihn wie seinen Augapfel hütet, das ganze Jahr seit jenem unseligen Ereignis auf Reisen. Ärger als je sollen die Schatten der Hypochondrie auf dem Haupt des Unglücklichen lagern und an seinen Körperkräften nagen, während sein Verwandter mit Begierde den Augenblick erwartet, um das reiche Majorat anzutreten, das ihm nach dem Hinscheiden seines kinderlosen Vetters zufallen muss. Seit zwei Tagen erschien Herbach zur Inspektion auf Waldenow, um dann sofort zum Baron zurückzukehren. Gestern war er eine Champagner-Wette eingegangen, dass er um sieben Uhr von Waldenow abreiten und rechtzeitig zur Soiree beim russischen Gesandten eintreffen wolle. Er hatte die Wette gewonnen, und mein Kind lag unter den Hufen seines Rosses. Waldemar von Herbach gilt allerdings für einen trefflichen Reiter und für einen Kavalier von makellosen Formen, und er hat sich als solcher wieder bewährt.«

»Herbach«, wiederholte Leo wie für sich selbst sprechend fügte er hinzu: »Oh, Blut genug klebt an des unseligen Mannes Namen.«

»Nur in gesellschaftlichen Kreisen«, fuhr Frau Bernheim, ohne den Worten ihres Zuhörers Beachtung zu schenken, fort, »traf ich bis jetzt mit ihm zusammen. Des Mannes ganzes Wesen stieß mich von ihm zurück. Soeben kam er selbst, von meinem Schwager begleitet. Er wollte Vergebung erflehen für den Unfall, den die Wette verursacht habe. Das überrittene Kind habe er für einen Proletariersprössling gehalten, dessen Verletzung mit einigen Goldstücken zu heilen sei. Oh, abscheulich! Als wäre nur im Palast Mutterliebe verwundbar.«

»Waldemar von Herbach, Waldemar von Herbach!«, sprach Barfeld wieder und starrte gedankenvoll zu Boden.

»Ich habe bis jetzt allen Menschen nur Gutes gewünscht«, fuhr Lydia fort, »wo es galt zu helfen und beizustehen, habe ich nie meine Hand verschlossen. Nur einen Mann hasste ich bis jetzt, jenen Mann, dessen tückischer Verrat meinen geliebten Bruder dem Tod überlieferte, und Gott möge mir verzeihen, wenn ich den Namen Waldemar von Herbach an die Seite jenes Verruchten stelle.«

Barfeld fuhr zusammen. »Sie besaßen einen Bruder«, flüsterte er, »er wurde Ihnen entrissen?«

Ehe Lydia antwortete, schlich sie sich auf den Fußspitzen an das Lager ihres Kindes und horchte, sich über dasselbe neigend, auf seinen Atem. Dann kehrte sie zu Leo ins Nebenzimmer zurück.

»Er schläft«, sagte sie, »und so hören Sie denn meine kurze Erzählung und richten Sie, ob ich einen elenden, niederträchtigen Verräter mit aller Glut des Herzens hassen darf.«

Barfeld fiel wie erschöpft in einen Sessel. »Reden Sie, ich höre!«, bat er dumpf.

»Schon in meiner Kindheit«, begann Lydia des schlummernden Knaben halber mit gedämpfter Stimme, »wurde ich einer Pension zur Erziehung übergeben. Meine Eltern kümmerten sich wenig um mich. All ihre Liebe wandten Sie ihrem einzigen Sohn, ihrem Hermann, zu, der eine Anzahl von Jahren älter als ich, mit glänzenden Anlagen ausgerüstet, ein bedeutender Mensch zu werden versprach. Die Vorliebe der Eltern für denselben teilte ich in fast höherem Grad. Ich schwärmte für ihn. Seine Briefe waren für mich ein Labsal, ihn einmal bei flüchtigem Besuch zu sehen, ein Fest. Hermann studierte Medizin. Zu einer Zeit, wo politische Fragen fast jedes deutsche Gemüt in Gärung setzten, befand er sich als einer der besten Studenten an der fürstlich **chen Universität. Glühend, leidenschaftlich, warf sich sein nur zu exzentrischer Geist auf die Fragen des Tages. Von erhitzter Einbildung verführt, artete der Begriff Freiheit bis zum Fanatismus bei ihm aus. Der Unselige ging so weit, mit gleichgesinnten Kameraden einen Geheimbund zu stiften, zu dessen Haupt man ihn wählte. »Tyrannenmord ist straflos«, hieß die Losung, und auf der schwarzen Liste der jungen Demagogen prangte der Name des Landesherrn, eines guten, milden Fürsten, den nur die blinde Leidenschaft als Unterdrücker zu bezeichnen vermochte, als erstes Opfer. Gewiss, nie wäre jener Verein mehr als eine kindische Spielerei geblieben«, fuhr Lydia fort, »vielleicht schon ein paar Wochen später hätten die jungen Leute über ihre eigene Torheit gelächelt. Zu jener Zeit aber, wo eine Nation gärte, wo fast jede Residenz unter dem Belagerungszustand sich befand, war schon der Gedanke eines solchen Vereins Hochverrat. Die jugendlichen Verschwörer glaubten sich völlig sicher und vor jeder Entdeckung gewahrt. Ein fürchterlicher Eid verpflichtete die Mitglieder zur Verschwiegenheit. Das Zimmer meines Bruders barg ihre Statuten, ihre Dolche, ihre Symbole, es war auch der Ort ihrer nächtlichen Versammlungen. Hermann besaß einen Freund, um einige Jahre älter als er selbst. Er hing an ihm wie an einem Bruder. Dies teure Haupt vor jeder Gefahr zu schützen, hatte er ihn nicht in das Bundes-Geheimnis eingeweiht, und doch war es eben jener Elende, der zum Verräter wurde. Zur nächtlichen Stunde drangen Soldaten in meines Bruders Zimmer. Man bemächtigte sich seiner Person, seiner Effekten. Einer der Schergen wagte in übereiltem Diensteifer, sich an Hermann zu vergreifen. Da wallte des Jünglings siedendes Blut über, und er tötete den Beamten durch einen Pistolenschuss. Meinen Bruder schleppten sie ins Gefängnis. Er schmachtete dort nicht lange, auf Hochverrat und Mord lautete die Anklage des Kriegsgerichts, auf Tod das Urteil. In drei Tagen war alles vorüber. Heimlich, um jedes Aufsehen in bewegter Zeit zu vermeiden, im Morgengrauen fand die Exekution statt. Selbst sein Grab ist uns nicht bekannt geworden.«

»Und woher wissen Sie, dass jener Freund an ihm zum Verräter geworden?«, fragte Leo bebend.

»Sein letzter Brief, in der Nacht, die der Vollstreckung des Urteils voranging, geschrieben, enthielt einen Fluch für den Mann, den er unaussprechlich geliebt, und der den Tod über ihn gebracht. Den Namen nannte er nicht, seine Seele hatte keinen Raum mehr für sein Gedächtnis, und ich selbst forschte nimmer darnach. Ich will den Elenden nicht kennen, denn ich könnte mich bis zu einem Akt der Rache gegen ihn verirren. Aber hören Sie, wie das Bubenstück eingefädelt worden war. Auf Hermanns dringende Bitte, ihm den Ankläger zu nennen, hatte man ihm schon nach der Verurteilung einige Zeilen mitgeteilt, die auf geheimnisvolle Weise an den Gouverneur der Stadt gelangt waren und die Weisung enthielten, dass in Hermann Leisenbergs Wohnung...«

»Hermann Leisenberg!«, seufzte Barfeld, und krampfhaft umklammerten seine Hände die Lehne des Sessels.

Lydia bemerkte die Aufregung des Gastes nicht und berichtete weiter, »dass in Leisenbergs Wohnung zu später Stunde Hochverrat geübt werde und dunkle Taten unter dem Schatten der Nacht reiften. Hermann erkannte die Schriftzüge. Hermann, der keine Mitverschwörer verriet, keinen Namen angab und das einzige Opfer wurde. Hermann verfluchte die Hand, die jene Zeilen geschrieben. Er verlor den Glauben an die Welt, er tat nichts für seine Verteidigung. Er wollte sterben. Er bekannte sich zu allem, was man für gut fand, ihm vorzuwerfen und starb. Oh, Barfeld, das Bild des Unglücklichen lebt fort in meiner Seele, wenn Sie ihn gekannt hätten...!«

Barfeld erhob sich. Die hohe Gestalt schwankte wie die eines Trunkenen.

»Und wenn nun«, sprach er mit erlöschender Stimme, »jener Freund ohne sein eigenes Wissen an Ihrem Bruder zum Verräter geworden wäre, wenn ein Eid seine Zunge bände, wenn er, namenlos gefoltert durch die Erinnerung an den hingerichteten Freund, den Tod herbeisehnt und Sühne sucht in einem asketischen, dem Wohle des Nächsten gewidmeten Leben, würden Sie auch noch dem Unseligen fluchen?«

»Ja«, erwiderte Lydia leidenschaftlich, »denn an seiner Hand klebt meines Bruders Blut! Aber«, unterbrach sich die schöne Frau, »um Gotteswillen, was ist Ihnen, Barfeld? Sie schwanken!«

Er stieß die zu seinem Beistand Herbeieilende fast gewaltsam zurück. »Nahen Sie sich mir nicht«, rief er dumpf, »mir fluche, Lydia Bernheim, mir, der da büßt in der Einsamkeit, was er unfreiwillig und in bester Absicht verschuldete. Ich, Leo Barfeld, der dich, Weib, liebt mit jeder Fiber [sic: engl. / Faser] seines Herzens, der dein Kind rettete vom Tod, ich Leo Barfeld, schrieb die Zeilen, die deinen Bruder vernichteten. Sprich aus, den Fluch, den ich auf deinen Lippen lese, ich geize nach ihm, denn er wird mich erdrücken, vernichten. Du zögerst, du tust dies, damit mein Fortgehen zur Hölle werde. Sei es denn! Lebe wohl, Lydia Bernheim. Ich segne dich und dein Kind, ich darf es, denn rein ist mein Gewissen.«

Langsam schritt er aus dem Zimmer, indem er wie segnend im Krankenzimmer die Hand gegen das Bett des schlummernden Knaben ausstreckte. Dann war er verschwunden.

Starr wie aus Stein gehauen, totbleich, keines Lautes, keiner Bewegung mächtig stand Lydia an ihrer Stelle gebannt. Sie sah ihn gehen und hörte die Tür hinter ihm sich schließen, keine Wimper zuckte. Dann aber hob sie die Arme zum Himmel, wie um Hilfe flehend, empor. »Hermann, Hermann, vergib! Ich kann nicht fluchen. Er hat mein Kind gerettet, und ich liebe ihn.«

Da rief sie die Stimme ihres erwachenden Kindes. Ein Strahl der Verklärung überflog ihr bleiches Antlitz. »Ich komme«, flüsterte sie, »ich komme, mein Emil, jetzt und immerdar. Deine Mutter verlässt dich nimmer wieder. Du, mein Einziges, auf der Welt!«

Sie kniete an das Bett ihres Söhnchens hin, das seine Händchen ihr entgegenstreckte. Zum ersten Mal seit vielleicht vielen Jahren entrang sich ihrer Seele ein inniges Gebet. Ringsum gingen ein Rauschen und Flüstern des Lenzes durch die Natur, so süß, so lind, und heller leuchteten die Sterne auf. Die Empfindungen einer reinen Mutterseele belauschen die harmonische Farbenglut des Schmetterlingsstaubes der Welt.

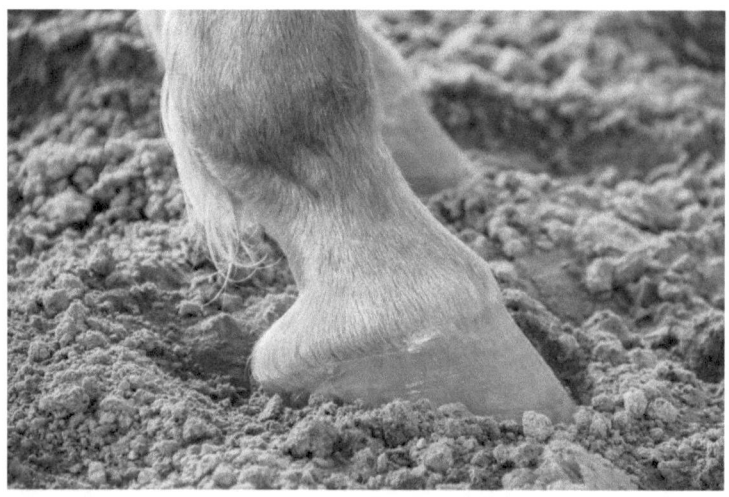

Abb. 11: Pferdehufe

Kapitel 6

Achtzehn Jahre sind verstrichen. Wir führen unsere Leser aufs Neue in den Kreis der Gestalten, die, nicht ganz Fantasie-Gebilde, wir zur Entwicklung unserer Erzählung bedurften. Wir treten auf das zunächst der Residenz B. gelegene Gut, das Eigentum des Baron Felix von Waldenow.

Die junge Frühlingssonne spiegelte sich, mit sich selbst liebäugelnd, an den hohen Fensterscheiben des Herrenhauses, das in einiger Entfernung vom Dorf Waldenow ruhig und vornehm zwischen uralten Bäumen dalag. Hinter dem Schloss breitete sich ein wohl unterhaltener Garten und Park aus, welch letzterer in den Forst auslief, der sich eine beträchtliche Strecke weit um das Dorf herumzog. In und vor dem Herrenhaus waltete tiefe Stille. Die grünen Vorhänge hinter den Scheiben waren an der Vorderseite des Gebäudes sämtlich niedergelassen. Die Diener und Mädchen kamen und gingen geräuschlos. Es war, als ob ein Kranker vor unnötigem Lärm zu hüten sei. Vielleicht lag derselben Ursache der Umstand zu Grunde, dass Treppen und Zimmer mit weichen Teppichen belegt waren, die den Schritt unhörbar machten.

Und doch musste all diese Vermutung wiederum wohl auf Irrtum beruhen, denn eine ernstliche Krankheit im Haus der Gutsherrschaft hätte gewiss störend auf die Vorbereitungen gewirkt, die man sichtlich im Dorf betrieb, um ein frohes Fest zu begehen. Auf einem freien Plan wurden Buden errichtet, Mitglieder eines Wandertheaters packten eben ihre Habseligkeiten aus, die das Staunen der im Gebiet der Künste wohl nicht verwöhnten Dorfjugend erregte. Hier und dort schmückte sich eine Hütte mit dem frischen Grün duftender Girlanden, und durch die geöffneten Pforten der Kirchentür erblickte man junge Dorfmädchen, beschäftigt, den Hauptaltar mit Blumenketten zu umwinden.

Aus ihrer Mitte trat eben ein liebliches, junges Mädchen von etwa siebzehn Jahren in einem schlichten, weißen Kleide, und verließ, nachdem sie die ehrerbietigen Grüße der Bäuerinnen mit freundlichen Worten erwidert und hier und dort die Hand reichend, die Kirche. Eine Weile blickte sie lächelnd auf das Treiben der Komödianten und schritt dann dem Schloss zu.

Auf dem Kiesweg der vorderen Anlagen kam ihr Waldemar von Herbach in einen grauen Morgenanzug gekleidet entgegen. Die Jahre schienen an dem Mann fast spurlos vorüber gegangen zu sein. Wie weit aber die Künste der Toilette an seiner körperlichen Frische Anteil hatten, vermögen wir nicht festzustellen.

»Schon so früh in Tätigkeit, schönste Nichte?«, fragte er, das junge Mädchen begrüßend, während sein Auge hinter der goldenen Brille höher aufleuchtete. »Ah, ich errate«, setzte er hinzu, »mit den Bauernmädchen die Kirche geschmückt. Mila, du weißt, wie du mich durch deine übergroße Freundlichkeit diesem Proletariervolk gegenüber betrübst. Du, die du zur Herrschaft gehörst, solltest sparsamer mit deiner Leutseligkeit sein.«

Das junge Mädchen blickte den Tadler fest ins Auge. »Ich fühle mich frei von Unrecht, gnädiger Herr«, erwiderte sie fast stolz.

»Warum immer gnädiger Herr? Warum nicht Oheim? Wie du meinen Vetter Felix nennst«, unterbrach sie Waldemar. »Ich meine, nachdem du dich seit sieben Jahren bei uns befindest, dass du heute an deinem Geburtstag endlich diesen Grillen ein Ende machen solltest.«

»Verzeihen Sie mir«, entgegnete Mila mit naiver Aufrichtigkeit, »aber ich vermag nicht zu heucheln. Wären Sie krank, des Trostes bedürftig, wie Herr Felix, aus vollem liebendem Herzen, würde ich auch Sie »meinen Oheim« nennen. Aber Sie sehen noch so jung aus, und dann hat Ihr Blick so etwas Seltsames. Mir kann bange werden, wenn Sie mich anstarren, unverwandt, wie eben jetzt, ja, ich gestehe es, mich überläuft es dabei, als ob mir etwas Leides geschehen solle.«

Waldemars Augen senkten sich wie beschämt. »So ist deine Weigerung eigentlich ein Kompliment für mich«, sagte er lächelnd. »Ich will es so nehmen. Aber du wirst dich nicht wieder in Kreise mischen, wohin du nicht gehörst?«

»Ist freundlich gegen Ärmere sein, die uns Liebe und Achtung entgegentragen, Sünde?«, rief das junge Mädchen. »Und zudem, was bin ich selbst? Eine arme Waise, die, weil sie das Glück begünstigte, zur Familie Waldenow zu gehören, bei Herrn Felix seit sieben Jahren ihren Unterhalt und ihre Erziehung empfing. Ich habe nichts dagegen zu geben als meine Verehrung für meinen Wohltäter, den ich wie einen Vater liebe. Ich versuche es, mich als eine dankbare Tochter zu zeigen, aber ich wünschte, mein Leben opfern zu können, wenn ich seine Leiden zu heilen vermöchte.«

»Felix Leiden sind unheilbar«, fiel Waldemar ihr ins Wort, »und je eher sie geendet, desto besser für ihn. Nur Stille, nur Gebet, nur keine Frage nach der Vergangenheit: Das sind die einzigen Mittel, die es zur Linderung für ihn gibt.«

»Und haben Sie andere versucht?«, fragte das junge Mädchen. »Wie oft, wenn ich ihm von der Schönheit der Welt draußen erzähle, leuchten seine Augen höher auf. Habe ich es nicht seit drei Jahren erreicht, dass er von Zeit zu Zeit sein düsteres Zimmer verlässt, um sich in Gottes Natur zu erlaben?«

»Unglückliche! Und weißt du auch, dass er dann durch doppelt starke Anfälle der Hypochondrie zweifach büßen muss. Dir verschweigt er die Leiden, die solchen Extravaganzen folgen. Ich aber, der Einzige, der ihn wahrhaft liebt, ich kenne sie. Oh, Mila, es ist nicht gut getan Felix' Herz der Welt zuzuwenden...«

Etwas wie eine Träne schimmerte in seinem Auge hinter den Brillengläsern.

»Verzeihen Sie mir«, bat Mila, »gewiss es soll nicht wieder geschehen, doch sehen Sie da kommt der gute Oheim selbst.«

In der Tat war es Felix von Waldenow, der in einen langen Rock von schwarzem Samt gekleidet, angemessenen Ganges das Haus verließ und auf das Paar zuschritt.

Bis zur Unkenntlichkeit hatten die achtzehn Jahre den jungen Edelmann verändert, sein Antlitz war mager und abgezehrt, das Feuer seiner Augen erloschen und das Haar sowie der spärliche Bart stark mit grau untermischt. Die Erscheinung des reichen Mannes bot das Bild eines erschöpften Greises. Mila eilte ihm entgegen, mit einer Bewegung des Unmuts folgte ihr Waldemar.

»Ich suchte dich auf deinem Zimmer, liebe Mila«, nahm Felix das Wort, »um dich zu überraschen entriss ich mich der mir so unentbehrlich gewordenen Einsamkeit meines Zimmers, denn ich wollte der Erste sein, der dir zum heutigen Fest Glück wünscht. Allein der Vogel war entflogen, und Waldemar kam mir zuvor, wie ich sehe.«

»Oh, mein teurer Oheim, wie lieb, wie gütig Sie sind!«

»Und wie unvorsichtig mit deiner Gesundheit, Felix«, fügte Waldemar hinzu.

»Du hast Recht, lieber Vetter, die Luft greift mich an, ich fühle mich sehr matt. Ich will in mein Zimmer zurückkehren, denn nur dort beruhigen sich meine Nerven. Noch eins, wir bekommen zum Kirchweihfest, das im Dorf stattfindet, Gäste.«

»Gäste?«, wiederholte das junge Mädchen freudig.

»Gäste?«, fragte Herbach, sichtlich unangenehm durch diese Mitteilung berührt. »Und dein Gesundheitszustand, der seit Jahren jeden Besuch, welcher Förmlichkeit und Umstände erfordern, untersagte?«

»Ich konnte nicht anders. Du und Mila, Ihr werdet mich vertreten«, entgegnete der Freiherr. »Milas würdige Erzieherin wird gern die wirtschaftlichen Pflichten übernehmen. Um unserer lieben Nichte willen geschah die Einladung, vielleicht dass sie nicht ohne Folgen bleibt. Folgen, die mich glücklich machen würden.«

»Du sprichst in Rätseln.«

Felix von Waldenow ließ sich auf eine ihm nahestehende Bank nieder. »Du entsinnst dich des Kindes der jungen Witwe Lydia Bernheim«, begann er, »das einst durch deine Schuld überritten wurde.«

Herbach runzelte die Stirn, die Erinnerung daran schien ihm wenig zu behagen. »Du solltest deine

Nerven schonen, lieber Felix«, erwiderte er abbrechend und vorwurfsvoll.

»Ich gehe sogleich, sogleich! Du wirst dich entsinnen, dass, nachdem der Knabe vollständig geheilt war, seine Mutter mit ihm die Residenz verließ. Als seine Erziehung vollendet war, verbrachte Frau Bernheim mit ihrem Sohn Jahre lang auf Reisen zu, und vor einigen Tagen las ich in dem Brief eines Freundes, dass sie heimgekehrt sei, ihr Hotel in der Hauptstadt wieder bezogen habe, und dass aus, dem Knaben ein blühender, junger Mann geworden sei, der unter erborgtem Namen unsere Literatur mit mancher schönen Blüte bereichert habe. Wie es kam, ich weiß es selber nicht, aber Milas Bild trat mir vor die Seele, Mila, die hier, entgegen der Bestimmung eines jungen Mädchens, in Einsamkeit zwischen bejahrten Männern und Landleuten verkümmert. Ich tat ein Wagnis, das ich seit Jahren nicht begangen, freilich musste ich es mit schweren Nervenanfällen büßen. Ich ergriff eine Feder und schrieb. . .«

»Felix, Felix, du wirst dich töten, wenn du so fortfährst!«

Die Nerven des Freiherrn schienen durch die Unterhaltung höher angespannt, sein Auge leuchtete heller, und eine flüchtige Röte färbte seine bleichen, hageren Wangen.

»Schrieb an Lydia Bernheim«, fuhr er fort, und lud sie mit ihrem Sohn zum Kirchweihfest auf das Gut.«

»Und die Bernheim?«

»Bedauerte, an jenem Tage verhindert zu sein, versprach aber am darauffolgendem mit ihrem Emil meiner Einladung nachzukommen und zwei Tage auf Waldenow zu verweilen. Sie will gleichzeitig jenem Mann, dessen verwegener Ritt sie beinahe kinderlos gemacht hätte, die Hand reichen zum Zeichen, dass jeder Groll geschwunden.«

»Ich gestehe, die Einladung und Zusage überraschen, aber erfreuen mich nicht«, entgegnete Herbach, mühsam seinen Ärger bezwingend. »Ich habe die Bernheim nie leiden können, ihr Sohn wird wohl nach ihr selbst geraten sein.«

»Du weißt, dass Lydia Bernheim und ich durch gleiche Gefahren verbunden sind, und ich freue mich einmal wie der darüber reden zu können. Ach, sie kannte ja auch Hella!«

»Liebe Mila«, unterbrach Waldemar, sich an das junge Mädchen wendend, seinen Vetter, »willst du nicht Frau Walling, deine Gesellschafterin, von dem Ereignis benachrichtigen und, mit ihr vereint, die nötigen Vorkehrungen treffen? Ich werde dann den lieben Vetter auf sein Zimmer geleiten.«

Mila verstand den Wink und entfernte sich schweigend. Die beiden Männer blieben allein. Waldemar erhob jetzt warnend die Hand: »Felix, Felix, alte Erinnerungen hervorrufen, heißt Geister aus ihren Gräbern beschwören«, sagte er. »Wozu dich durch dieses Wiedersehen an jene Zeit mahnen, die tot für dich sein sollte, und die du leider nimmer vergessen kannst!«

»Nimmer vergessen!«, wiederholte Felix, »ja du hast Recht. Oh, hättest du sie gekannt so rein, so unschuldsvoll wie ich sie kannte, nimmer hättest du sie eines Verrats fähig gehalten. Keinem anderen Mund hätte ich diesen Verrat geglaubt als dem deinem des treuen Freundes. Du legtest tödliches Gift zugleich mit der Kunde in mein Herz.«

»Des Schicksals Fügung war es, dass auf dem Schiff, das uns zur Hallig führte, unseren guten, nun fernen Lechamps, der mit mir Kind und Gattin zu dir bringen sollte, das Vertrauen des Kapitäns gewinnen ließ. Er erzählte ihm, dass er im Einverständnis mit Hella, die einst seine Braut, das Weib des Herrn von Waldenow nach Amerika entführen wolle, und ihr eigener Mund bestätigte mir, als ich als Richter und Rächer deiner Ehre ihr entgegentrat, das Entsetzliche. Ihre Liebe zu dir war nur eine flüchtige Aufwallung gewesen. Dem Seemann gehörte ihr Herz, ihre Briefe waren Komödie, und hätten die Wogen der Nordsee auch nicht Kind und Gattin begraben, das Kind allein wäre dir geblieben, die Gattin hätte dein Auge nicht wiedergesehen.«

»Und, besäße ich nur mein Kind!«, seufzte der Baron, »ich fühle es, ich wäre ein anderer geworden, als ich es bin. In seinem Anschauen hätte ich Kraft gefunden der Krankheit zu trotzen, die meinen Geist umnachtet und meine Nerven zerrüttet. Ich bin mir selbst zur Last. Ich ersehne meinen Tod, der mich flieht, für mich und für dich ersehne ich ihn, denn du bist dann Herr auf Waldenow.«

»Felix, deine Worte schmerzen mich tief«, rief Waldemar, »lange noch sollst du leben, dich deines Besitzes freuen...«

Felix erhob sich und drückte dem Vetter die Hand. »Ich kenne dich, du edler Mensch. Du bliebst mir, da alles mich verriet, doch jetzt will ich zurückkehren in mein Gemach. Ich bedarf der Ruhe, mein armer Kopf brennt, niemand will ich heute sehen als dich, keinen. Bleibe sitzen, ich fühle mich stark genug allein zu gehen«, fügte er hinzu, den ihm gebotenen Arm Waldemars abwehrend.

Langsam entfernte er sich und schritt dem Haus zu. Als er verschwunden war, blickten Waldemars Augen fast drohend, und seine Faust ballte sich.

»Ja, stirb endlich, dass ich Herr werde, das Ziel erreiche, nach dem ich seit Jahren gestrebt, um dass ich eine Tat beging, die einem Verbrechen gleichkommt! Und wagst du noch deine letzten Lebensfunken anwenden zu wollen, meinen Plan zu durchkreuzen? Du irrst dich, Vetter. Mila wird meine Gattin. Alles wird mein auf Waldenow. Ich habe so lange dahin gearbeitet, und ein Sterbender soll sicher nicht das Gebäude zertrümmern, das ich mir durch beharrliche Geduld, durch selbstverleugnende Heuchelei, durch gemeines Verbrechen errichtete, und dessen Schlussstein dein Tod ist, erlöschender, verratener, närrischer Vetter!«

Aus den weiteren Betrachtungen riss ihn die Erscheinung eines, in einen leichten Mantel gehüllten Mannes, der eilig sich ihm näherte. Waldemar erhob sich und ging ihm einige Schritte entgegen. Der Kommende schlug den Mantelkragen zurück, und deutlich erkannte Herbach jetzt die Gesichtszüge des Nahenden.

»Wie, du bist es, Lechamps?«, rief Waldemar überrascht. In der Tat war es der ehemalige Kammerdiener, der Begleiter des Edelmanns auf seiner Reise nach der Hallig, der sich ihm mit eigentümlich geheimnisvollem Wesen näherte.

Die achtzehn Jahre hatten die einst hagere, schmächtige Gestalt des Herrn Lechamps mit einer nicht unbeträchtlichen Korpulenz beglückt. Sein Antlitz erschien wohlgenährt, und die ganze Erscheinung des Gastes machte den Eindruck eines behäbigen Kaufmanns.

»Du hier Lechamps?«, wiederholte Herbach, noch immer erstaunt, »woher so unerwartet?«

»Um Gotteswillen, gnädiger Herr, hören Sie mich, ich darf nicht lange verweilen!«, sagte Lechamps hastig. »Die Sorge um Sie trieb mich her. Sind Sie sicher, dass uns kein Lauscher vernimmt?«

Herbach blickte sich ringsum, alles war menschenleer.

»Fürchte nichts von einem Zeugen, was ist geschehen? Sprich!«

»Ihnen droht eine große Gefahr. Nur die kaltblütigste Überlegung kann ihr begegnen. Ihre Existenz, Ihre Zukunft, Ihr Name stehen auf dem Spiel!«

»Du siehst Gespenster, Lechamps. Korpulente Leute sind stets ängstlich und du hast sehr zugenommen, seit du in Hamburg Handelsherr geworden bist. Wenn nicht Tote aus ihrem Wellengrab auferstehen, mich anzuklagen, habe ich nichts zu fürchten.«

»Und wenn sie auferstehen?«

Waldenow wurde leichenblass, ein konvulsivisches Zittern überflog seine Gestalt.

»Pfui, Lechamps, das ist ein schlechter Scherz!«, brachte er mühsam hervor.

»Möchte ich scherzen, mit meinem Wohltäter scherzen?«, flüsterte Lechamps. »Würde ich Tag und Nacht reisen, eines bloßen Scherzes oder einer befangenen Einbildung wegen? Ja, die Toten stehen auf! Ich flog zu Ihnen, damit Sie nicht von ihnen selbst, ohne gewarnt zu sein, überrascht werden.«

»Wer soll mich überraschen? Komm zum Ziel. Du spannst mich fast auf die Folter. Wen habe ich zu fürchten?«

»Den Sohn Hella Martensens und des Barons Felix von Waldenow, den leiblichen, ehelichen Sohn Ihres Vetters und Majoratsherrn auf Waldenow.«

»Ha!«, Herr von Herbach sank wie vernichtet auf seinen eben verlassenen Sitz zurück.

»Nur nicht verzagen, gnädigster Herr!«, ermutigte Lechamps, »schon oft genug stand Ihnen das Glück zur Seite. Es wird Sie auch diesmal nicht verlassen.«

»Und woher hast du diese Nachricht?«, fragte Herbach, der sich schnell gesammelt hatte. »Weißt du, hier ist ein Betrug im Spiel, hörst du, Betrug in drei Teufels Namen!«

»Für die Welt, Betrug, abscheulicher Betrug, nur nicht für uns«, entgegnete der ehemalige Kammerdiener. »Aber Sie sollen alles hören, gnädigster Herr. Sie wissen, dass ich, dank Ihrer Güte, die mir die Mittel dazu lieh, nachdem wir von unserer Expedition von den Halligen zurückgekehrt, in Hamburg ein Geschäft gründete, und das Glück stand mir zur Seite. Häufig nun führen mich Reisen, kaufmännischer Angelegenheiten halber, nach London. Auch vor etwa vierzehn Tagen befand ich mich in Englands Metropole, als ich an der Table d'hôte mir zur Seite einen stattlichen jungen Mann bemerkte, bei dessen Anblick mich ein seltsames Gefühl beschlich. So hatte der Baron Felix von Waldenow einst vor Jahren ausgesehen, da er noch ein junger Herr war. Ich knüpfte ein Gespräch mit dem Fremden an, freundlich und bescheiden antwortete er, der sich Thompson nannte und von Amerika zu kommen behauptete. Auf meine Frage, ob er in London zu bleiben gedenke, erwiderte er, dass ihn ein wichtiges Geschäft auf ein Gut in der Nähe der Residenz B. beriefe, und als ich die Bemerkung leichthin einschaltete, dass mir die Umgebung der Stadt und ihre Bewohner nicht ganz fremd seien, begann er, sich nach Herrn von Waldenow und seinen Verhältnissen zu erkundigen, und dies so eindringlich so warm. . .«

»Weiter, weiter!«, drängte der Edelmann. »Ich lud ihn auf mein Zimmer, die Unterhaltung fortzusetzen. Natürlich befleißigte ich mich der Vorsicht eines geheimen Kriminalagenten. Ich fragte endlich gleichgültig nach seinen Eltern. Seine Mutter sei tot, erwiderte er mir, bei einer Sturmflut verunglückt, ihn selbst habe ein treuer Freund, der sein Leben zur Rettung der seinen eingesetzt, geborgen und ihn mit sich genommen nach Amerika.«

»Und erwähnte er nichts von seinem Vater?« Herbachs Stimme war fast erloschen, seine Augen leuchteten wie im Fieber.

»Seinen Vater nannte der junge Mann nicht. Wohl aber zog er ein Medaillon hervor. Es war dasselbe, das Felix von Waldenow vor neunzehn Jahren seinem Kind sandte. Ich erkannte die Züge des Porträts. Es waren die Züge Felix von Waldenows.«

Herbach sprang auf, »Betrug, sage ich dir, Betrug!«, knirschte er.

Ängstlich blickte der Kammerdiener sich um. »Um Gottes willen, Sie verraten sich gnädigster Herr!«, flüsterte er. »Hören Sie weiter. So wie der junge Amerikaner blickt kein Betrüger, und würde ihn der Baron Felix sehen, die Stimme des Blutes. . .«

»Nein, er darf ihn nimmer sehen! Ich fühle es, ich wäre verloren«, ächzte Herbach. »Jener Retter kann kein anderer als Niels Gardberg, der ehemalige Bräutigam Hellas, sein. Alles käme an den Tag, alles.«

114

»Am anderen Morgen schon wollte der junge Mann nach Deutschland abreisen«, fuhr Lechamps fort, »ich aber verließ noch in derselben Stunde, eine erhaltene geschäftliche Depesche vorschützend. Englands Hauptstadt, um dem Erscheinen des unwillkommenen Gastes zuvorzukommen, Sie zu warnen, Sie zu retten.«

Der Gesichtsausdruck des Edelmanns war bald wieder der alte geworden. Seine Stimme klang ruhig und unbewegt.

»Ich danke dir, Lechamps«, sagte er, dem ehemaligen Diener die Hand reichend. »Ich bin auf alles vorbereitet. Sei ohne Sorgen, der fremde Abenteurer wird nimmer Herr auf Waldenow. Du aber musst fort, und das noch in dieser Stunde. Keiner darf dich hier sehen!«

»So dachte auch ich. In einiger Entfernung vom Dorf hält mein Wagen, der mich aus der Residenz bis dorthin führt. Noch heute kehre ich nach Hamburg zurück. Leben Sie wohl, und seien Sie vorsichtig, gnädigster Herr!«

»Er drückte den Hut über die Stirn, schlug den Mantelkragen in die Höhe und entfernte sich.

Auch das noch, sprach Waldemar vor sich hin, soll ich, wähnend im Hafen angelangt zu sein, mein Schiff abermals hinausschleudern lassen in die Wogen, mir entreißen lassen, was ich schon in meinen Händen glaubte? Nein und abermals nein! Ich trotze euch, neidischen Mächten, die sich zwischen mein nahes Ziel und mich stellen wollen. Er versank in tiefes Nachdenken und murmelte endlich, während sich sein Gesicht zu einem schrecklich entschlossenen, unheimlichen Ausdruck verzerrte. Ich kann nicht mehr zurück, und ich will nicht

weichen. Eine Kugel, eine ganz kleine Kugel in des
Eindringlings Brust wäre schließlich zwar das Äußerste, aber immerhin das sicherste Mittel.

Abb. 12: Hafenszene

Kapitel 7

Die Glocken läuteten. Die Landleute hatten sich geputzt und eilten in die Dorfstraße. Auch die Natur schien ihr Kleid von duftigem Grün angelegt zu haben zum Kirchweihfest auf Waldenow. Die Zurüstungen auf dem Kirchhofplatz waren vollendet. Im grellsten Schmuck prangte die Komödiantenbude, und Schank- und Würfelzelte hatten ihren verlockenden Inhalt zur Schau aufgestellt. Aber noch drängten sich keine Trink- und Kauflustige an ihrem Eingang. Höchstens musterten ein paar Dorfkinder mit gierigen Blicken die dargebotenen Herrlichkeiten. Überhaupt herrschte noch eine sonntägliche Ruhe im Dorf. Die Kirchglocke rief mit ehernem Ton zur kirchlichen Feier. Die Leute überhörten den Ruf nicht und wanderten ehrbar zum blumengeschmückten Gotteshaus, um dem Himmel ihren Dank darzubringen für den Segen der verflossenen Tage und um seine Gnade zu erflehen für die kommenden Jahre. Der Tag des Kirchweihfestes war beinahe die einzige Gelegenheit, wo die Dorfleute ihren Gutsherrn, den Baron von Waldenow, von Angesicht zu Angesicht sehen durften, der sonst, seines stets leidenden Zustandes halber, fast niemals sein Zimmer verließ und in den Augen der jüngeren Generation fast zur Mythe geworden war.

Die Kirche war heute schon gefüllt, als draußen die Equipage des Schlosses vorfuhr. Alle Augen richteten sich neugierig auf die gutsherrliche Loge. Alle Häupter neigten sich tiefer, denn an der Brüstung, halb zum Gebet, halb zum Gruß sein Haupt neigend, erschien an Milas Seite der Baron von Waldenow, während hinter ihm sein Vetter, Waldemar von Herbach, die Blicke über die Versammlung schweifen ließ und prüfend jedes Antlitz zu mustern schien.

Die Turmglocke verstummte. Nun intonierte der Organist mit allen aufgezogenen Registern der Orgel den einleitenden Psalm. Eine tiefe, andachtsvolle Stimmung verbreitete sich rings umher, und durch die bunt bemalten Scheiben der Altarfenster ergoss sich, wie verklärend der Sonnenschein durch das freundliche. blumengeschmückte Gotteshaus.

Plötzlich fuhr Herr von Herbach, wie von einem Schrecken getroffen, zusammen, so dass Mila überrascht aufblickte, sich aber sogleich wieder ihrer Andacht hingab.

Sie hatte nicht bemerkt, was dem scharfen Blick des Edelmanns, der jeder tieferen Empfindung entbehrte, sogleich aufgefallen war, dass nämlich die fromme Gemeinde sich um eine fremde Seele vermehrt hatte.

Leise und unbeachtet war ein Unbekannter während der rauschenden Klänge der Orgel in die Kirche eingetreten. Der Fremde, noch jung, etwa zwanzig Jahre zählend, trug eine gewählte, immerhin etwas auffallende Kleidung und verriet den Ausländer. Seine Gestalt war nicht groß, aber zierlich, das Antlitz nicht schön, aber anziehend, dunkelblondes, langes Haar umwallte fantastisch das schmale, etwas zarte Gesicht.

Der Fremde schien sich mehr für die Gutsherrschaft als für den Gottesdienst zu interessieren, denn seine Blicke suchten sofort die freiherrliche Loge und blieben unverwandt an dieselbe geheftet. Nur um eine Auffälligkeit zu vermeiden, neigte er sein Haupt endlich, ebenfalls wie zur Andacht.

Herbachs Blicke flogen besorgt auf seinen Vetter und auf Mila. Beide schienen das Eintreten des Fremden nicht beachtet zu haben. Waldemar beobachtete, wie ein Jäger auf dem Anstand gespannt, jede Bewegung der drei Personen.

Wer anders konnte der junge Mann sein als der gefürchtete Amerikaner! Hatte Lechamps nicht auf sein Kommen am Tag des Festes vorbereitet? Die Ähnlichkeit mit Felix von Waldenow in jüngeren Jahren, die dem ehemaligen Kammerdiener aufgefallen sein wollte, konnte Herbach nicht entdecken, allein bedurfte es noch dieses Beweises? Verrieten nicht des jungen Mannes Blicke, mit denen er eben abermals die Insassen der herrschaftlichen Loge musterte, das Interesse, das er für dieselben empfinden musste?

Es waren peinliche Augenblicke für Herbach. Er sah seinem Gegner sich gegenüber, das Schicksal hatte gesprochen, und der Kampf war unausbleiblich. Der Fremde oder Herbach musste fallen, es gab keinen Ausweg mehr. Während der Gesang der Menge andachtsvoll durch die Kirchenwölbung strömte, überprüfte Waldemar seine finsteren Pläne. Der schreckliche Mann wurde ruhig, ganz ruhig. Ein triumphierendes Lächeln flog über seine steinernen Züge.

Ich werde siegen, murmelte er endlich vor sich hin, und soeben bestieg der Priester die Kanzel., um die wohl memorierte Predigt zu beginnen.

Eine Stunde später saß Herbach in seinem Zimmer vor dem Schreibtisch. Die Tür war verschlossen und verriegelt. Aus der Ferne tönte frohes Jauchzen und die gedämpften Klänge einer Tanzmusik, denn nach dem der Kirche geleisteten Tribute wollte auch das Weltliche sein Recht haben. Die Schauspielerbude war geöffnet, die Verkäufer priesen mit lauter Stimme ihre Waren an, und kecke Burschen schwenkten unter der Dorflinde am Kirchplatz ihre Dirnen im Tanz.

Fast eine Stunde hatte Waldemar von Herbach damit verbracht, einige Zeilen auf ein grobes Stück Papier zu schreiben. Unzählige Male hatte er das Vollendete zerrissen und die Arbeit von Neuem begonnen. Der Schweiß perlte ihm dabei von der Stirn, mehr als einmal hatte er, unwillig auf sich selbst, die Feder zu Boden geworfen. Nun aber schien es ihm endlich gelungen zu sein, denn sichtlich zufrieden betrachtete er sein Werk, das er, bald die rechte, bald die linke Hand gebrauchend, geschrieben hatte, und dass er nun noch einmal überflog.

Und seien Sie verschwiegen, wiederholte er sich selbst den Schluss des Billetts. Er wird kommen, die Jugend liebt die Romantik, und dann, und dann...

Er vollendete nicht, aber mechanisch öffnete seine Hand ein kleines Kästchen. Ein Revolver und ein Dolchmesser blitzten ihm entgegen. Das Erbteil für unberufene Majoratserben, setzte er sein Selbstgespräch fort, mir bleibt eben kein anderes Mittel. Aber, überlegte er nach einer Pause, wenn man nach dem Mörder fragt? Waldemar von Herbach ist über allen Verdacht erhaben. Diese künstlich entstellten Schriftzüge würde ich selbst nicht als die Meinigen wiedererkennen. Meine Tinte verfärbte ich durch Wein, den Bogen Papier trennte ich von einem alten, wertlosen Dokument, dessen Rest ich verbrannte. Dennoch, wenn der hartschädelige Schiffskapitän Niels auf die Idee käme, seinen Pflegesohn zu suchen? Nun ja, ja die plumpe Teerjacke, um die in die Falle zu locken, bedarf es nur einer Bärengrube. Vorläufig gehört meine ganze Schlauheit dem nächsten Werk. Ich persönlich muss dem Burschen dies Blättchen in die Hände spielen. Ich darf keinen Vertrauten haben bei dieser Tat.

Das Geräusch schwerer Tritte im Vorsaal unterbrach seinen Gedankengang. Hastig erhob er sich, und das Papier verbergend, schob er den Türriegel zurück.

Der Schulze des Dorfes war es, der unter tiefer Verbeugung in seinem besten Sonntagsstaat das Zimmer betrat. Herbach zwang sein Antlitz zu einem freundlichen und herablassenden Ausdruck. »Ihr kommt, mich zum Essen im Wirtshaus abzuholen, nicht wahr? Nun, sind die Honoratioren versammelt?«

»Sie sind es und erwarten den gnädigsten Herrn, den Vertreter unseres Gutsherrn, des Herrn Baron von Waldenow, der nach altem Brauch beim Essen im Wirtshaus das erste Glas auf das Wohl der Gemeinde zu leeren pflegt. So wurde es gehalten seit einem Jahrhundert.«

»Und es soll ferner so bleiben«, entgegnete Waldemar. »Noch eins, Schulze, es ist während des Gottesdienstes ein Fremder in die Kirche getreten. Es schleicht jetzt so viel verdächtiges Gesindel, selbst unter ehrbarer Maske herum, ist der junge Mann im Wirtshaus abgestiegen?«

»Ja, gnädigster Herr, der Gastwirt, mein Vetter, hat ihm die blaue Hinterstube im Erdgeschoss eingeräumt. Er lässt sich Herr Thomas nennen und scheint ein flotter, junger Herr zu sein, der ein paar

Taler nicht achtet. Den Dorfmädels hat er seidene Schürzen und Bänder geschenkt.«

»Thompson nennt er sich?«

»Ja, Thompson oder Thomas, das kommt wohl auf eins heraus«, erwiderte der Schulze mit einem breiten Lächeln auf dem behäbigen Gesicht.

»Nun, lassen wir dem Herrn Thomas oder Thompson sein Vergnügen. Leute, die den Dorfmädchen Bänder schenken, sind nicht gefährlich. Jetzt kommt, Schulze, ich bin bereit.«

Er schritt an dem demütig zurückbleibenden Bauer vorüber und verließ, von ihm gefolgt, den Herrenhof, sich zum Festessen zu begeben.

Ehrerbietig entblößten sich die Häupter der vor der Tür stehenden Menge, als Herr von Herbach durch ihre Reihen schritt. Aber keine Spur einer Anhänglichkeit sprach aus ihren Mienen. Der Vetter des Barons Felix war nicht beliebt, nur gefürchtet. Man kannte ihn als stolz und hart. Heute aber, grüßte er leutseliger als jemals. Fast jovial klopfte er die Schulter seines Begleiters.

»Geht nur voran, ich folge Euch sogleich«, sagte er, »ich will nur eben Eurem Verwandten, dem Wirt, ein paar Worte sagen. Er soll heute Abend den Burschen ein Fass Bier für meine Rechnung zapfen, meldet inzwischen den Gästen mein Erscheinen.«

Er ließ den Schulzen stehen und schritt der Hinterseite des Hauses zu. Hier befanden sich die beiden Zimmer, die für durchreisende Fremde bestimmt waren. Herbach warf hier einen hastigen, forschenden Blick um sich. Alles war mit den Vorbereitungen zum Essen beschäftigt. Knechte und Mägde hatten vollauf zu tun, die Gäste in der Schänke zu befriedigen. Niemand beobachtete ihn. Er

kannte das blaue Zimmer, das dem Fremden eingeräumt war. Er hatte denselben soeben unweit des
Dorfes im Feld schweifen sehen, und wusste ihn
somit entfernt von hier. Schnell und geräuschlos
öffnete er die unverschlossene Tür. Mit festem Wurf
flog ein kleines, zusammengefaltetes, grobes Papier
auf den Tisch. Wenige Minuten später empfing das
Lebehoch der Dorfhonoratioren den eintretenden
Vertreter des Gutsherrn, der mit herablassendem
Lächeln, als habe nimmer ein böser Gedanke sein
Gewissen belastet, geruhte, die Huldigung in Empfang zu nehmen.

Es dunkelte bereits, als der vom Schulzen mit
Thomas bezeichnete junge Fremde das Gasthaus
betrat und sein Zimmer aufsuchte. Derselbe zog
seine Taschenuhr hervor, legte sie vor sich auf den
Tisch und nahm Platz auf einem Stuhl. Das Um-
herstreifen schien den jungen Mann ermüdet zu
haben, denn er legte den Kopf mit geschlossenen
Augen an die Rücklehne des Stuhls. So verharrte
er mehrere Minuten. Plötzlich kündigte ein feines,
silberhelles Schlagen der Uhr die neunte Stunde an.
Der Fremde ermunterte sich und stand auf. Sein
Blick schweifte absichtslos in dem kleinen, ländlich
ausgestatteten Raum umher und blieb an dem Papier haften. Gleichgültig zündete er Licht an und
erbrach das Schreiben. Allein schon bei den ersten
Zeilen veränderte sich der Ausdruck seines Antlitzes, und eine gewisse Spannung war in ihm zu
lesen.

Der Brief, mit plumper, offenbar verstellter Hand,
kaum leserlich geschrieben, enthielt Folgendes:

»Sie sind erkannt. Man weiß, dass der Name, mit
dem Sie sich nennen, nicht der Ihre ist. Man kennt

auch die Absicht, die Ihre Schritte nach Waldenow lenkt, es gilt, den wichtigsten Schritt Ihres Lebens. Sie haben an dieser Stätte einen Feind, aber auch einen treuen Freund, der Sie glücklich sehen will. Es soll Ihnen ein Geheimnis offenbart werden, dessen Tragweite unermesslich ist. Dasselbe betrifft Ihr Lebensglück. Keine Miene, kein Laut verrate inzwischen Ihre Absicht, ehe Sie den Freund gesprochen, der Sie im Namen Ihrer Mutter beschwört, seiner um Mitternacht in dem Forst zu harren. Ein Weg vom Gemeindefeld rechts führt zu einem steinernen Kreuz, wo der unbekannte Freund Sie um Mitternacht erwarten wird. Hegen Sie Furcht, so versehen Sie sich mit Waffen. Aber der Jüngling, der Welten und Meere durchstreifte, wird das Gefühl nicht kennen, das gewöhnliche Menschen in der Erwartung des Unbekannten beschleicht. Vernichten Sie diese Zeilen und seien Sie verschwiegen.«

Der junge Mann ließ den Brief sinken. Seltsam, höchst seltsam, sagte er halblaut vor sich hin, wer kann mich hier kennen? Wer meine Absicht wissen? Und doch fragt es sich, ob es nicht wirklich ein Freund ist, der mich warnen will, nicht einen dummen Streich zu begehen? Das Mädchen ist schön, bei Gott! Solche Anmut sah ich selten, und dennoch, wäre es nicht möglich, dass ich, der Fremde, das Opfer eines Betrugs werden soll, für den mir zu spät die Augen geöffnet werden könnten? Und zudem ist das Rendezvous abenteuerlich genug, um nicht meine ganze Neugier zu reizen. Ich komme, freundlicher Warner, ich komme, nicht vergebens sollst du meiner harren.

Die Hut des Dorfes Waldenow war für die nächste Nacht den Sternen überlassen, denn auch der

Wächter hatte seinen Teil am frohen Fest gehabt und ein Gläschen über den Durst getrunken. Was tat es auch, dass ihm die Augen zufielen und er auf der Steinbank am Brunnen einnickte, während Spieß und Horn friedlich neben ihm lagen. Waldenow stand wegen seiner guten Sitten überall im besten Ruf. Seit Menschengedenken kannte man dort weder Einbruch noch ein anderes Verbrechen, und schlich ein junger Freier an das Fenster seines Mädels, so drückte der Wächter die Augen zu oder blickte seitwärts und brummte vor sich hin: »Lass das junge Volk, hab es auch just so getrieben.«

Und: »hab es auch just so getrieben«, klang es mechanisch von den Lippen des Alten, als ein leichter Tritt hinter ihm ertönte und in der Ferne verhallte. Das alte Haupt hob sich ein wenig, um gleich wieder zurückzusinken. Es war nicht alle Tage Kirchweihfest in Waldenow.

Kein Bursche des Dorfes aber war es, der hinter des Wächters Rücken dahin schlich, die Dorfstraße entlang und nun den Feldweg betrat, der zum Forst führte. Es war der fremde, junge Mann, in einen leichten Mantel gehüllt, der der Einladung des geheimnisvollen Freundes Folge leistend, sich an den Ort des Stelldicheins begab. Bald war er in dem Forst, langsam verfolgte er seinen Weg, vorsichtig jeden Schritt prüfend, denn die Dunkelheit war beinahe undurchdringlich.

Zum ersten Mal während des mysteriösen Ganges zog jetzt, nicht ein Gefühl der Furcht, aber eine gewisse Beklemmung durch des jungen Mannes Seele, wenn man ihn in eine Falle gelockt, wenn man es auf Raub, vielleicht gar auf Mord, abgesehen hätte!

Sein Fuß zauderte weiterzuschreiten. Seine Hand umklammerte den Schaft einer Pistole, die er unter dem Mantel verborgen trug. Aber schon im nächsten Augenblick lächelte er über sich selbst. »Nein, es kann nur ein Freund sein, der mir diesen Brief schrieb«, sagte er vor sich hin. »Wer könnte sonst den Zweck meines Hierseins wissen? Wer die Vertauschung meines Namens?«

Weiter schritt er und weiter, immer beschwerlicher wurde der Pfad, immer tiefer geriet er in den Forst.

Endlich aber leuchtete ein fremder Gegenstand durch die Dunkelheit ihm entgegen. Es war ein hohes, steinernes Kreuz zum Andenken an einen einst an dieser Stätte Verunglückten errichtet. Dort also war das Ziel, dort sollte er den geheimnisvollen Freund und Warner kennenlernen.

Noch einige Schritte tat er vorwärts, dann blieb er unwillkürlich stehen, denn ein leise geflüstertes »Halt« tönte an sein Ohr, augenscheinlich wollte man selbst in der Dunkelheit noch die größte Vorsicht vorwalten lassen.

»Ihr seid der junge Mann, der sich Thomas nennt?«, tönte es gedämpft hinter dem Kreuz hervor.

»Ich bin es!«

»Ihr habt den Brief vernichtet, wie Euch befohlen wurde?«

»Ich habe.«

»Keine Seele weiß, dass Ihr Euch an diesem Ort befindet?«

»Keine!«

»Ihr schwört darauf bei der Erinnerung an Eure Mutter!«

»Ich schwöre bei der Erinnerung an meine teure Mutter!«

»Ihr kommt weit her?«

»Ja!«

»Ihr wollt zu dem Baron von Waldenow in nahe Beziehung treten?«

»Unbegreiflicher Mann, woher wisst Ihr...?«

»Alles weiß ich, Ihr seid gekommen, selbst das Terrain zu rekognoszieren?«

»So ist es.«

»Ihr fürchtet Waldemar von Herbach, er ist Euch ein Hindernis?«

Der Fremde lachte. »Nein, unbekannter Beschützer, den fürchte ich nicht. Trotz seiner gemachten Jugendlichkeit hoffe ich nicht, dass auf diesem Gebiet Herr von Herbach mir gefährlich ist, es sei denn, Ihr wüsstet mich eines anderen zu belehren.«

»Ich will Euch belehren, will Euch die Augen öffnen, Ihr sollt mich kennenlernen. Kommt näher, ganz nah, selbst die Luft darf es nicht hören, das unselige Geheimnis, sie könnte es verraten.«

Hastig fuhr die Hand des Fremden, während er dem Befehl des Unsichtbaren nachkam unter seinen Mantel, nun stand er dicht am Kreuz und im selben Augenblick flammte ein Zündwachskerzchen, von seiner Hand entzündet, hell auf und beleuchtete das Antlitz des Beschützers.

»Herr von Herb...«, wollte der Fremde rufen, doch sprach er das Wort nicht aus, denn eine Kugel aus der Pistole in Waldemars Hand drang in das Herz des Unglücklichen.

Die Nacht verbarg die Züge des Mörders, der sich hastig nach seinem Opfer bückte. Er fühlte an des Gemeuchelten Herz, dasselbe schlug nicht mehr.

Völlige Ruhe schien jetzt über den Mörder zu kommen. Kaltblütig durchsuchte er die Taschen seines Opfers und bemächtigte sich ihres Inhalts. Auch Börse und Uhr ließ Waldemar der Leiche nicht.

»Man wird einen Raubmord vermuten«, murmelte er während dieses Geschäftes, »die übrigen Effekten im Wirtshaus werde ich selbst, gleich nachdem die Tat ruchbar geworden, in Verwahrung nehmen und dann alles daraus entfernen, was mir gefährlich sein könnte. Jetzt, Majoratsherr auf Waldenow, jetzt will ich dir gönnen, hier zu weilen auf deinem Eigentum, dass du mir streitig machen wolltest. Waldenows Erde übergebe ich ihrem Herrn.«

Geräuschlos verschwand er alsdann in der Dunkelheit, von dem Forst in den Schlosspark, vom Park in den Garten, vom Garten in sein Zimmer, keiner hatte seine Tat gesehen, selbst die Sterne des Allrichtenden drangen nicht durch das dichte Laub des Forstes.

Kapitel 8

Strahlend in heiterem Sonnenglanz, war ein neuer Tag emporgezogen über Waldenow und seine
Bewohner in Schloss und Hütte. Im Herrenhaus
herrschte heute schon in der Früh ein regeres Treiben, als es sonst der Fall war, denn man erwar-
tete ja Gäste aus der Stadt, Frau Bernheim mit
ihrem Sohn. Mila, in weißem Morgenkleid, hatte
eben noch einmal die für die Fremden bestimmten
Räumlichkeiten in Augenschein genommen. Nun
verließ sie das Haus. Durch den Garten schreitend,
öffnete sie eine Seitenpforte, von der ein Weg in
das Dorf führte. Aber sie ließ die Straße links liegen und bog seitwärts ab. Hier befand sich eine
kleine Park-Anlage, die, wiewohl für jedermann zugänglich, wegen ihrer Stille ein Lieblingsaufenthalt
des jungen Mädchens geworden war. Hier auf einer Anhöhe stand, von Bäumen überschattet, eine
Ruhebank, von der aus man den Anblick über das
Dorf bis zum Schloss genoss, während die Ruhe
der Waldeinsamkeit ringsum herrschte. Es war ein
Ort, ganz und gar für gemütsreiche Seelen zum
Träumen wie geschaffen. Wärmend und erquickend,
aber durch die Baumzweige gedämpft, strahlte die
Sonne hernieder. In den Büschen sagen die Vögel
ihre Morgenhymnen, und das junge Mädchen über-
ließ sich einige Minuten ganz den erquickenden
Eindrücken, die der junge Tag in Bild und Lied bot.
Plötzlich aber überflog ein Wölkchen der Beklom-
menheit das jungfräuliche, liebliche Antlitz. Mila
seufzte leise, aber diesen Seufzer schöpfte sie nicht
aus den trostlosen Tiefen des Kummers. Er löste
sich nur aus einem beklommenen Kinderherzen,

das mit bedeutsamen Ereignissen des nächsten Lebens nicht zu rechnen und sich nicht dagegen zu waffnen versteht. Das junge Mädchen hatte in der rücksichtslosen Offenheit des guten Oheims Felix bei seiner gestrigen Ankündigung des heutigen Besuches gar zu viel vernommen, was ein junges Gemüt aufregen muss. Auf eine schlaflose Nacht fand sie einen Tag innerer Unruhe. Sollte das Heute entscheidend werden für ihr ganzes Leben? Hätte sie je daran gedacht, ihren kranken Onkel verlassen zu dürfen? Tiefe Rührung ergriff sie bei dieser Vorstellung. Felix selbst, der edle, vortreffliche Mann unterstand sich, ihr jemand, den sie nie gesehen, ohne Weiteres für einen Ehegenossen zu bestimmen! Dieser Gedanke erniedrigte und empörte sie. »Ich bin eine Waise!«, bebte es fast unhörbar von ihren Lippen, »und selbst die besten Menschen entwöhnen sich der traurigen Wahrheit nicht, dass ein verwaistes Mädchen sich den Fesseln der Barmherzigkeit Fremder nie entwinden darf.«

Mila senkte ihr Köpfchen und verlor sich in trübes Nachdenken. Da schallten Tritte in ihrer Nähe. Sie fuhr empor, als ob man sie auf böser Tat ertappe, und doch waren ihre Empfindungen so natürlich und berechtigt. Sie sprang von der Bank auf, um beschämt nach dem Schloss zurückzueilen. Aber wie gebannt blieb sie stehen, denn eine melodische, männliche Stimme drang an ihr Ohr, ja, bis an ihr Herz. Vor ihr stand ein kaum zwanzig Jahr alter Mann, blondes Haar kräuselte sich leicht um ein, von Jugendfrische gerötetes, von der Sonne gebräuntes Gesicht. Die Statur war mittelgroß, sehnig und kräftig, und die glänzenden, blauen Augen leuchteten treuherzig und doch mit dem Ausdruck einer selbstbewussten, inneren Kraft.

»Verzeihen Sie, wenn ich Sie erschrecke, mein Fräulein«, sagte der Fremde, in dessen Aussprache ein ausländischer Akzent lag, »ich bin der Pfade hier unkundig und habe den Weg von der Residenz bis hierher zu Fuß zurückgelegt. Nicht wahr, das ist das Dorf Waldenow?«

»Sie irren nicht, mein Herr«, erwiderte das junge Mädchen, »und der Besitzer, der Baron Felix von Waldenow, ist mein Oheim.«

Das Auge des Fremden blitzte freudig hell auf. »Wie?«, rief er, »Ihr Oheim? Dann segne ich die Stunde, die mich an diese Stelle führte.«

»Mein Herr, ich verstehe Sie nicht.«

»Verzeihen Sie mir, mein Fräulein, aber der Augenblick riss mich hin. Der Gedanke, demjenigen nah zu sein, dem ich das Leben danke, der mich für tot halten muss. . .«

»Um Gotteswillen, von wem sprechen Sie? Doch nicht vom Baron Felix, meinem Oheim?«, rief Mila erschreckt.

»Ich habe, so jung ich noch bin, in der rauen Schule der Erfahrung gelernt, im Menschenantlitz zu lesen«, erwiderte der junge Mann, »und das Ihre ist der Spiegel Ihrer Seele, ich darf Ihnen vertrauen. Nicht wahr, ich täusche mich nicht?«

Fast wider ihren Willen lauschte Mila mit einem erhöhten Interesse der Stimme des zu ihr Redenden.

»Wer sind Sie, mein Herr?«, fragte sie, sich sammelnd, hastig, »wenn ich Sie weiter hören soll, erklären Sie mir das Rätsel, das Sie mir bringen.«

»Sie sollen alles hören, doch zuvor, ich beschwöre Sie, beantworten Sie mir einige Fragen, denn aus welch besserem Mund könnte ich die Bestätigung dessen vernehmen, was ich gestern in der Residenz erkundete? Kannten Sie die Gattin des Baron von Waldenow? Ich meine, haben Sie jemals von einer Dame gehört, die seinen Namen trug?«

»Gewiss mein Herr. Mein guter Oheim selbst erzählte mir von ihr, sie war ein schlichtes Mädchen, dem er sein Herz und seine Hand geschenkt, fern auf einer Insel der Nordsee. Familienverhältnisse machten es ihm unmöglich, sie gleich mit sich auf das Schloss seiner Väter zu nehmen. Als er ein Jahr später aussandte, damit Weib und Kind ihm, dem Kranken, zugeführt würden, verschlang eine Sturmflut auf der Hallig das ersehnte Weib und deren Söhnchen. Dieser schreckliche Verlust versenkte den Unglücklichen in schwere Gemütskrankheit, die auch seinen Körper dem Siechtum anheimgab.«

»Und«, die Stimme des jungen Mannes bebte, »und Sie wissen von keiner anderen Ehe Felix von Waldenows? Keiner anderen schwor und hielt er die Treue als jenem Mädchen von der Hallig? Kein anderes Kind nannte er sein als jenen Knaben?« Der Fremde hielt hier inne, die Bewegung seines Inneren drohte ihn zu überwältigen.

»Niemals hörte ich von einer zweiten Ehe«, rief das junge Mädchen erstaunt. »Jahre lang brachte mein Oheim in der Gesellschaft seines Vetters, des Herrn von Herbach, auf Reisen zu, immer kränkelnd, immer tiefer umstrickt von den Netzen unüberwindlicher Schwermut. Seit einiger Zeit weilt der Oheim wieder hier, aber unzugänglich der Welt und, wie gesagt, gebrochen an Leib und Seele. Doch ich fühle es, ihn hätte die wahre Liebe, die wahre Aufopferung zu retten vermocht. Allein Herr von Herbach...« Das junge Mädchen verstummte, als fürchte sie, zu viel gesagt zu haben.

»Vollenden Sie, ich bitte Sie darum!«, rief der Fremde dringend, »oder nein, ich weiß alles, was Sie sagen wollen, mein Herz sagte es mir seit dem Tag, wo ich aus Niels Gardbergs, meines gütigen Pflegevaters Mund erfuhr, wem ich mein Dasein dankte. Herr von Herbach ist der böse Genius des Baron Felix von Waldenow. Des Letzteren Tod sichert ihm das Majorat, sobald kein männlicher, legitimer Erbe vorhanden ist: So viel ergaben meine Nachforschungen und Schlüsse, und nicht wahr, so ist es?«

»Ja, so ist es!«

»Nun denn, gelobt sei Gott, der ein teures Leben bis heute erhielt! Gelobt sei Gott, der mich Ihnen entgegenführte! Vernehmen Sie denn, dass nur die Gattin des Baron Felix ihren Tod in den Fluten fand, dass das Kind von einem braven Mann, Niels Gardberg, gerettet wurde. Grauenvoll gestalten sich alle meine düsteren Ahnungen zur vollen Gewissheit. Aber die Vergeltung lebt noch. Waldemar von Herbach, die Stunde ist gekommen. Hella Martensens Sohn fordert im Namen der Toten die Ehre, die du seinem Vater raubtest! Verzeihen Sie meine Aufregung, ich bin das aus den Wellen gerettete Kind, bin Felix von Waldenow.«

»Allmächtiger Gott! Wäre es Wahrheit?«, rief das junge Mädchen bestürzt. »Aber nein, es ist nicht möglich! Nach achtzehn Jahren des schmerzlichsten Kummers ein Auferstehen der Freude? Es wäre zu viel des Glücks!«

»Sie zweifeln an der Wahrheit meiner Worte, mein Fräulein. Ihr Bedenken ist gerechtfertigt, aber hören Sie: Niels Gardberg, mein Retter, nahm mich mit sich nach Amerika, er verbarg mir meines Vaters Namen, damit ich dem vermeintlichen Verräter an meiner Mutter nicht fluchen solle. Allein seit einem Jahr entdeckte mir der Brave, während einer schweren Krankheit, die er zu bestehen hatte, meine Herkunft, und seit diesem Jahre habe ich geforscht und ergründet, dass meine Mutter das Opfer eines schändlichen Spiels geworden, eines Bubenstücks, das Waldemar von Herbach beging, der meinen Vater als treulos schilderte. Aber mein Vater wird seinen Sohn erkennen, er, der Mann, nach dem sich mein ganzes Herz drängt! Ich bringe ihm sein eigenes Bild zurück, das er einst dem Säugling aus weiter Ferne als ein Liebeszeichen sendete, er wird den Sohn seiner Hella nicht zurückstoßen. Ich muss ihn sprechen, aber allein, ohne Zeugen. Verhelfen Sie mir dazu, Sie, die wie der gute Genius meiner Heimat mir entgegentraten. Waldemar von Herbach darf keine Ahnung meines Hierseins haben, ehe ich zu meinem Vater geredet. Dies wird eine Notwendigkeit, die ich schon lange als solche betrachtete. Deshalb legte ich mir einen anderen Namen bei und nannte mich Thompson, seitdem ich Amerika verlassen habe.«

Sinnend stand das junge Mädchen einige Augenblicke da, fest und prüfend ruhten ihre Blicke auf des Fremden Antlitz.

»Ich glaube Ihnen!«, sagte sie sodann zuversichtlich. »So wie Sie kann nur die Wahrheit reden, und jeder Zug in Ihrem Antlitz, jede Bewegung ihres Körpers erinnert mich an Oheim Felix, der verjüngt vor mir zu stehen scheint. Ich bin Mila Waldenow, eine Waise, die von des Onkels Güte lebt und einen zweiten Vater in ihm fand. Als Ihre Verwandte heiße ich Sie willkommen und wünsche alles Heil Ihrem Vorhaben, sich Ihre Heimat, Ihre Rechte zu erkämpfen gegen Bosheit und Neid. Wir sind Verbündete, denn dieselbe Stimme, die zu Ihren Gunsten spricht, sie tönt seit Jahren in meiner Brust. Waldemar von Herbach ist böse, ich traue ihm nicht. Sie sollen den Baron Felix sprechen, noch diesen Abend. Um die siebente Stunde versuchen Sie, so unbemerkt als möglich, ins Schloss zu gelangen. Meine würdige Gesellschafterin wird Sie in Empfang nehmen, ich werde den Oheim vorbereitet haben und Sie zu ihm führen. Doch still, man kommt! Um Gotteswillen fort! Es darf uns keiner zusammen sehen. Dem Herrn von Herbach erscheint ein jeder verdächtig. Meiden Sie selbst das Dorf. Eine Viertelstunde entfernt von hier liegt ein einsames Gasthaus, dort verweilen Sie bis zu der Stunde, wo Sie Ihren Vater sehen sollen.« Mit inniger Bewegung erfasste der junge Mann eine Hand Milas und küsste die weißen Finger ehrerbietig. Dann eilte er vorsichtig hinweg.

Das junge Mädchen presste die Hände auf das pochende Herz und sank, von den stürmischen Eindrücken der letzten Augenblicke überwältigt, wie erschöpft auf ihren Sitz zurück.

Inzwischen näherte sich das leise Geräusch gemessener Tritte mehr und mehr. Mila zuckte zusammen. Herr von Herbach stand vor ihr.

Der Edelmann war noch gewählter und jugendlicher gekleidet, als dies je der Fall gewesen war, ein unheimlicher Glanz strahlte aus seinen Augen, und eine fast wilde Lustigkeit sprach aus jeder seiner Bewegungen, aus dem Klang seiner Stimme.

»So allein, schöne Nichte?«, rief er, »versenkt in Träumereien? Nicht wahr, der Oheim ist ein unwillkommener Störer? Ha, ha, man kennt das, und doch«, fuhr er fort, sich mit lauerndem Blick umsehend, »doch war mir es, als hörte ich reden.«

»Sie irren sich, gnädiger Herr, nur der Wind strich durch die Bäume, und die Vögel sangen in den Zweigen, und ich war so närrisch, ein kleines Gedicht aus meinen Schuljahren laut zu rezitieren.«

»So täuschte ich mich also nicht, doch still«, unterbrach er sich, die Hand wie lauschend ans Ohr legend, »hörst du nicht ein Geräusch in der Ferne, ein Durcheinander von Stimmen?«

Erstaunt sah Mila den Redenden an. »Nichts höre ich, gnädiger Herr.«

»Ich werde mich noch verraten, mit der albernen Ungeduld«, murmelte der Edelmann finster vor sich hin, dann fuhr er, schnell die lächelnde Miene wiederfindend, laut fort: »Meine Nerven sind sehr aufgeregt diesen Morgen. Der Besuch, der stündlich eintreffen kann, peinigt mich. Lydia Bernheim ist eine achtbare Frau, aber sie hat für mich so etwas, etwas Tracassierendes, so etwas...Sieh doch, Mila, was kommt dort aus dem Forst? Was tragen die Leute dort? Reicht dein Auge so weit?«

Diese Frage entlockte dem jungen Mädchen ein Lächeln. »Ich glaube es sind Holzsammler, gnädiger Herr, Mann und Weib, die Reisigbündel auf den Schultern tragen.«

»Sie fanden ihn noch nicht«, hallte es durch Herbachs Seele. »Doch mich ruft die Pflicht ins Haus«, nahm Mila von Neuem das Wort. »Frau Bernheim kann früher eintreffen als wir geglaubt. Verzeihen Sie mir, gnädiger Herr.« Sie verneigte sich leicht und verließ die Anhöhe. Langsam folgte ihr der Edelmann, ohne ihr seine Begleitung anzubieten.

Wie ein Alp liegt es auf meiner Seele, flüsterte er vor sich hin. Das macht das Ungewohnte der Situation. Ich wollte, es wäre alles vorbei! Ich werde feige, feige vor dem Buchstaben des gesellschaftlichen Gesetzes. Es liegt etwas Ehernes, Stolzes, Grauenhaftes in diesen Buchstaben. Jedes Wort ein drohender Finger, jeder Paragraf ein grinsender Totenschädel! Wo bleibt die Courage, deren ich jetzt am meisten bedarf? Ach, die Nacht! Könnte ich sie auslöschen aus meinem Gedächtnis! Herbach, fasse dich, mache dich eisern, blicke in den Abgrund der Schande, der dir entgegengähnt, sein Opfer zu verschlingen. Bleibe Mann! Hätte ich nur den Mut, die Papiere zu lesen, die das Taschenbuch des Unglücklichen, des Buben enthält, der mir mein Recht, mein durch Jahrzehnte der Heuchelei, der Entsagung, der Intrige mühevoll erworbenes Recht durch das launige, bequeme Recht der Geburt entreißen wollte. Es war so leicht, die Bresche in die Gesetzesmauer der Gesellschaft zu schießen, warum wird es so schwer, die Folgen zu ertragen? Doch ermanne ich mich! Dort rollt ein Wagen heran. Vielleicht bringt derselbe die erwarteten Gäste.

In der Tat fuhr in einiger Entfernung auf der Chaussee ein eleganter Reisewagen herbei. Ein Koffer und mehrere Schachteln standen neben dem Kutscher.

Ich begrüße Euch, Einkehrende, auf Schloss Waldenow mit Freuden, setzte Herbach sein Selbstgespräch fort. Der ungefährliche Nebenbuhler wird mir Gelegenheit geben, die verdrießliche Blutgeschichte zu vergessen und meine Kontenance mit Würde zu bewahren.

Er entfernte sich, einen Quersteg einschlagend, der den Weg kürzte, und war eben am Herrenhaus angelangt, als der Wagen über den Kiesweg fuhr und vor der Haustür anhielt.

Er eilte, die Gäste zu bewillkommnen, auch Mila kam herzu. Nur eine Dame, in einer einfachen, dunklen Seidenrobe, entstieg dem Inneren der Equipage. Wer hätte in jener schmucklos gekleideten, stillen und ernsten Frau die Lydia Bernheim früherer Zeit, die bezaubernde, junge Witwe wiedererkannt, die sich einst mit ganzer Seele in den Strudel des Vergnügens stürzte? Ihr Antlitz war noch immer anmutig, allein ihr Haar war früh ergraut, und ein gewisser Ausdruck des Seelenleidens prägte sich in ihren Zügen aus.

»Willkommen, gnädige Frau, willkommen auf Waldenow in meines Vetters Namen und dem meiner eigenen Wenigkeit! Achtzehn Jahre liegen zwischen unserem letzten Zusammensein!«, rief er ihr entgegen, indem er ihr den Arm reichte, sie in den Gartensalon zu führen. »Mein guter Felix ist sehr leidend«, fuhr er gesprächig fort«, verzeihen Sie, wenn er Ihnen vorläufig durch mich und unsere liebe Nichte, Mila von Waldenow, seine ehrerbietigste Ergebenheit und alle Freundlichkeiten zu Füßen legen lässt.«

Sie hatten den Gartensaal erreicht und ließen sich nieder, während ein Diener Erfrischungen reichte.

Frau Bernheim küsste des jungen Mädchens Stirn. »Ich habe von Ihnen in der Residenz gehört, mein holdes Kind«, sagte sie. »Ich dürfte mit Ihnen schmollen, dass Sie mich, die Ältere, Sie suchen lassen, aber Sie wussten wohl gar, dass mein kleines Opfer reich entschädigt werden würde. Erröten Sie nicht, reichen Sie mir Ihre Hand. Nicht wahr, wir werden Freundinnen?«

»Erlauben Sie vorerst, gnädige Frau, mich ihre Schülerin nennen zu dürfen. Ihre Schülerin in der Kunst, Herzen zu gewinnen.«

Lydia lächelte freundlich. Das kurze Gespräch wurde durch den Eintritt des Barons Felix unterbrochen, der, auf einen Stock gestützt, denn er fühlte sich heute schwächer als jemals, in das Zimmer trat.

Lydia konnte einen Ausruf schmerzlichen Erstaunens nicht unterdrücken, den Felix verstand und mit trübem Lächeln beantwortete.

»Nicht wahr, Sie finden mich sehr verändert«, nahm er das Wort, »achtzehn Jahre vermögen viel, Kummer und Krankheit nagen wie ein giftiger Wurm an meinem Leben, nur meines Waldemars Obhut hat mich bis jetzt dem Dasein erhalten.«

»Sie werden sich noch lange, gewiss recht lange seiner erfreuen«, entgegnete Lydia, warm die ihr gebotene Hand pressend. »Nun, erstaunen Sie über mich, lieber Baron, auch mein Haar ist ergraut, auch ich bin eine andere. . .«

Herr von Herbach warf Lydia einen bittenden Blick zu, und sie brach ab, sichtlich bedurfte der Baron der höchsten Schonung.

Waldemar suchte der Konversation eine andere Richtung zu geben. Mit Affektiertheit sagte er: »Sie sind sparsam mit Ihrer Gunst, gnädigste Frau. Ich vermisse jemanden in Ihrer Begleitung, den wir ebenfalls als Gast zu begrüßen hofften, und zwar Ihren Herrn Sohn. Ich habe dem jungen Mann ein schweres Unrecht abzubitten aus einer Kindheit her.«

»Dies Unglück war vielleicht ein Glück für mich«, entgegnete Lydia, »am Krankenbett meines Kindes lernte ich die Mutterpflichten kennen. Das Leben wird durch gewissenhafte Erfüllung großer Pflichten leicht. Man steht am Ziel glücklichen Gelingens, ehe man es vermutet, und ich selbst bin so verwegen zu sagen: Mein Sohn ist mein Stolz und mein Glück. Sie werden ihn kennenlernen, vielleicht kennen Sie ihn schon, denn seit gestern weilt er in Waldenow.«

»Ihr Sohn?«, fragte der Baron Felix.

»Ihr Sohn?«, wiederholte wie ein Echo Herr von Herbach.

»Mein Emil ist ein sonderbarer Mensch«, antwortete Frau Bernheim lächelnd. »Er liebt es, Land und Leute zu studieren, mit denen er in engeren Verkehr zu treten gedenkt. Als Ihre Einladung, Herr Baron, uns zukam, bat er mich, meine Ankunft auf Waldenow um einen Tag zu verschieben, er selbst wolle unerkannt schon zum Kirchweihfest dort eintreffen, sich ein Zimmer im Gasthaus unter dem Namen Thomas...«

»Thomas!« Fast schauerlich klang der Widerhall des unwillkürlichen Aufschreis Waldemars von der gewölbten Decke des Salons.

»Sie haben ihn also gesehen, vielleicht mit ihm geredet?«, fragte Lydia gespannt.

Gewaltsam nahm Herbach seine Kraft zusammen. »Allerdings sah ich einen Fremden in der Kirche«,

140

berichtete Herbach mit erzwungener Freundlichkeit, »er fiel mir auf, ein stattlicher Jüngling, aber ich konnte nicht ahnen...«

Der Eintritt eines Dieners unterbrach ihn, mit verstörter Miene glitt derselbe hinter Waldemars Stuhl und flüsterte ihm einige Worte ins Ohr. Der Edelmann wurde blass und erhob sich.

»Was gibt es, Lorenz?«, wandte sich der Baron an den Diener.

Statt des Gefragten antwortete Herbach. »Nichts, lieber Felix, gewiss nichts.«

»Und doch muss es etwas Besonderes sein. Du nimmst zu viel Rücksicht auf mich, guter Vetter, ich darf aber doch nicht ganz vergessen müssen, dass ich noch lebe und Herr auf Waldenow bin. Also was gibt es, Lorenz. Ich befehle dir zu reden!«

»Gnädigster Herr«, stotterte der Diener, »in dem Forst am Steinkreuz ist ein Mord geschehen. Den jungen Fremden, der gestern im Wirtshaus ankam, fanden Bauern tot in seinem Blut schwimmend. Man bringt ihn eben daher. Der arme Herr Thomas!«

Ein Aufschrei Lydias, der die weiteren Worte des Dieners abschnitt, streifte an den Entsetzensruf des Wahnsinns. Die verzweifelte Mutter stürzte an dem erschrockenen Waldemar vorbei, aus dem Salon ins Freie, den Vorgarten hindurch auf die Straße, auf der eben ein trauriger Zug langsam dahin wallte. Auf einer von zwei Bauern getragenen Bahre ruhte der starre Körper des ermordeten, jungen Mannes. Eine Anzahl Dorfbewohner folgten, leise miteinander redend, und den Mörder verwünschend.

Die plötzliche Erscheinung des herbeifliegenden Weibes hemmte den Schritt der Träger, fast mechanisch setzten sie die Bahre nieder und traten zurück. Nach Atem ringend, das vom unsäglichen Schmerz verzerrte Antlitz auf den Leichnam gerichtet, stand Lydia einige Augenblicke unbeweglich da, als scheue sie sich, das Tuch zu berühren, das des Toten Antlitz deckte, keine Träne entfloss ihrem Auge.

Jetzt hob sie das Linnen empor. Das Antlitz des Ermordeten, vom Sonnenlicht umstrahlt, wurde sichtbar, sanft und friedlich waren des jungen Mannes Züge, als ob ein Hauch seligen Friedens aus schöneren Sphären darüber hinweggeglitten sei. Wie anders, wie viel stiller, und dennoch wie viel rührender war der Schmerz der Witwe um den ermordeten Sohn, als einst die Verzweiflung der Weltdame, die aus glänzender Soiree an das Krankenlager ihres schwerverwundeten Knaben gerufen wurde!

Aus der lautlosen Bewegung, mit der Lydia jetzt über ihres Sohnes Leiche in den Staub sank, die Hände zum Himmel emporstreckend, als rufe sie ihn zum Zeugen der blutigen Tat, sprach der reinste, heiligste Schmerz, ein Schmerz der Verklärung, aus den Angstrufen des Damals, tönte der Schrei der Reue, des mahnenden Gewissens.

»Mila, entferne dich«, befahl Herr von Herbach halblaut dem jungen Mädchen, das, den Baron Felix führend, Lydia gefolgt war. »Das ist kein Anblick für dich, und du, Vetter, nun es musste so kommen. Helft ihm, er wird ohnmächtig.«

In der Tat konnten des Barons überreizte Nerven den Eindruck dieser Szene nicht ertragen, er schwankte an Milas Arm und seine Kräfte drohten ihn zu verlassen.

Während Herr von Herbach versuchte, der Frau Bernheim Beistand zu leisten, wobei er kaum selbst eine Ohnmacht zu bemeistern vermochte, führte Mila ihren Oheim auf sein Zimmer und reichte ihm selbst stärkende, belebende Essenzen.

Felix ergriff ihre Hand. »Ich danke dir, liebe Mila, mir ist besser«, sagte er. »Bleibe ein wenig bei mir, ich will nicht allein sein.«

Das junge Mädchen zog ein Taburett herbei und setzte sich zu des Oheims Füßen, der in seinem Lehnstuhl ruhte, sie kam sich wie ein Kind vor, dem Baron gegenüber, denn bei Felix von Waldenow hatten Nerven und Hypochondrie den Jahren vorgearbeitet und ihm, dem kaum Vierzigjährigen, das Antlitz eines Greises verliehen.

Der Baron strich mit leichter Hand über ihr Haar. »Höre mich an, Mila«, nahm er das Wort, »du warst mir ein lichter Sonnenstrahl auf meinem dunklen Pfad, deine Anwesenheit drang wie erquickender Morgentau auf die dürstende Flur, mit süßer Frische belebend, durch meine Seele, und dennoch, eben weil ich dich liebe, liebe wie mein eigenes Kind, darfst du nicht länger hier verweilen. Wen diese Hand berührt, wer sich in Liebe zu mir neigt, ist dem Unglück, dem Tod verfallen. Du sollst gerettet werden, dich soll das böse Geschick meiner Nähe nicht treffen, das furchtbare Los, du sollst fort von mir. In einer der ersten Familien des Landes will ich dir eine Stätte bereiten, wie nur der Reichtum sie zu gewähren vermag. Ich werde dir ein Kapital aussetzen, groß genug, für immer die Sorge von deinem, mir so teuren Haupt fernzuhalten. Du sollst sehen, dass ich deiner gedacht, dass nur die Liebe, die Sorge für dich es ist, die mich treibt, mich deines

Anblicks zu berauben. Aber vergiss meiner nicht, und wenn der unselige Zauber, der an mir haftet, mit meinem Tod gelöst, dann lege einen schlichten Kranz auf meinen Sarg, und jedes Blatt wird mir Grüße zuflüstern von dir, und friedlich werde ich schlummern.«

»Oh, nicht weiter, mein teurer Oheim, Sie zerreißen mir das Herz!«, rief Mila, »nur mit Gewalt könnten Sie mich von dieser Stätte bannen! Entreißen Sie sich den entsetzlichen Gedanken, die Ihre Seele belasten, lassen Sie mich hier bleiben zum Beweis, wie Ihre trüben Vorstellungen trügen, denn ich bin glücklich in Ihrer Nähe, Oheim, und ich fühle es, ich werde nur hier glücklich bleiben.«

Felix schüttelte fast unwillig das Haupt. »Du irrst!«, sagte er. »Ich besaß eine Gattin, ein Kind. Sie trugen meinen Namen und mussten sterben. Ich lud Lydia Bernheim und ihren Sohn hierher zu mir ein. Der unglückliche Jüngling musste sterben. Soll ich, der Gebrochen, auch dich zu Grabe geleiten?«

Da erhob sich Mila, und dicht an den Baron tretend, sagte sie mit leisem, aber feierlichen Ton: »Baron Felix von Waldenow, ich kann Ihnen beweisen, dass falscher Wahn Sie umfängt, denn nicht alle, die wir tot wähne, sind dies in der Tat. Wissen Sie sicher, dass Gattin und Kind, beide ihren Tod in den Fluten fanden?«

»Mila!«, des Barons Antlitz drückte die höchste, eine fast ängstliche Spannung aus. »Mila, was willst du damit sagen? Doch nein«, unterbrach er sich, »ich will nichts wissen, mehr als achtzehn Jahre sind verstrichen. Was du mir entdecken würdest, wäre nichts als Mutmaßung und leerer Wahn. Doch

144

noch eins lasse dir sagen, ein Geheimnis für all die anderen, das dir die Kluft auftun wird, die mich noch vom Grabe meiner Gattin trennt. Würde Hella, mein Weib, das ich glühend geliebt, jetzt aufersteben von den Toten, ich würde sie weinend von mir stoßen, denn, Mila, sie war mir treulos, ihr Tod war ihre Strafe, die Sühne ihres Vergehens in dem Augenblick, als sie mit einem anderen Mann, den sie liebte, zu fliehen beabsichtigte.«

Seltsamerweise schien das junge Mädchen die Ergriffenheit des Redenden nicht zu teilen. Der deutliche Widerschein der Ungläubigkeit nahm von Milas Antlitz Beschlag. »Und wer brachte Ihnen diese Nachricht? Herr von Herbach, nicht wahr?«

»Er, der treueste der Freunde. Mit Tränen berichtete er mir Hellas Schuld, ihr trauriges Ende und das Ende meines armen, schuldlosen Kindes!«

»Nun wohl, so hören Sie mich auch, Baron Felix von Waldenow«, rief Mila, »vernehmen Sie, was mein Herz mir zuruft, was das Gefühl, das mir stets Grauen vor Waldemar von Herbach einflößte, mir diktiert: Ihre Hella ist unschuldig, und jener Niels Gardberg, der durch die Verleumdungen und Lügen Herbachs irregeführt, Sie für einen Verräter an Weib und Kind hielt, rettete Ihren Sohn und nahm ihn mit sich in die neue Welt. So berichtete mir ein junger Mann, dessen ganzes Auftreten die wärmste Sympathie erweckt, aus dessen treuen Augen die pure Wahrheit leuchtet, und dieser Mann nannte sich Ihren Sohn!«

»Mein Sohn!« Wie elektrisiert sprang Felix auf, doch schon im nächsten Augenblick sank er gebrochen in seinen Lehnstuhl zurück. »Mein Sohn!«, wiederholte er fast klagend. »Kind, es geschehen keine Wunder mehr in dieser Welt, und ein argloses Mädchen leiht dem Betrug leicht das Ohr.«

»Wenn hier Betrug im Spiel«, rief Mila glühend, »so begeht ihn Waldemar von Herbach, mag er denn ans Tageslicht dringen der Gedanke, den ich bis heute schüchtern verbarg! Ich erkläre, Waldemar von Herbach spielt falsches Spiel! Ich durfte mich nicht früher offenbaren, und ich konnte nichts tun, als beten für Sie, mein Oheim, dass Gott Sie erleuchte. Herbach hält Sie in Fesseln, wie ein Pflanzer seinen Sklaven. Statt Sie lust- und lebensvolleren Kreisen zuzuführen, umdüstert er Ihr Gemüt immer mehr. Er vergrößert geflissentlich das Leiden Ihrer Nerven. Scheel sah er dazu, als Sie mir zur Liebe den Fuß einmal wieder in Gottes grüne Natur setzten, die Sie Jahre lang gemieden. Felix von Waldenow, mein Oheim, hören Sie auf meine Stimme, entscheiden Sie nicht in der Sache des Ankömmlings, der sich Ihr Sohn nennt, ohne vorher geprüft zu haben, ob seine Ansprüche mehr sind als ein Betrug. Um die siebente Stunde harrt der junge Mann meiner, damit ich ihn ohne Vorwissen Herbachs zu Ihnen führe. Wollen Sie ihn sehen? Im Namen Ihrer Hella frage ich nochmals, wollen Sie ihn sehen?«

Waldenow hatte mit beiden Händen sein Antlitz bedeckt. Der Schweiß perlte in Tropfen von seiner Stirn. Ein heftiger Kampf war in dem unglücklichen Mann erregt. »Wenn Waldemar mir mein Dasein hübsch gestohlen hätte!«, raunte er mit bebender Lippe vor sich hin. »Lag der Gedanke, den Milas Wort mir gab, nicht schon lange, als ein entzündbarer, aber toter Körper in meiner Brust? Jetzt fiel der Zündstoff hinein, und er lodert in Flammenschrift.« Alsdann fuhr er laut fort: »Wohl Mila, um

146

Hellas, um deinetwillen will ich meinen S..., will ich den Fremden sehen, um die siebente Stunde bin ich zum Empfang bereit, aber bis dahin bedarf ich der Ruhe und Erholung. Ich fühle mich matt, Mila, sterbensmatt. Niemand soll mich bis zum Abend stören. Niemand, selbst Waldemar nicht! Mein Diener soll Wache halten und um sieben Uhr die kleine Seitentür öffnen, die durch die Garderobe in dieses Zimmer führt. Auf diesem Weg magst du kommen mit dem, der Hellas Kind zu sein behauptet. Jetzt geh, ich will schlafen.«

Sein Haupt sank kraftlos in die Lehne des Sessels zurück, seine Augen schlossen sich.

Lautlos entfernte sich das junge Mädchen, um Frau Bernheim aufzusuchen und mit der unglücklichen Mutter zu weinen. Sie erfuhr, dass Frau Bernheim das Schloss verlassen und sich mit der Leiche ihres Sohnes in das Wirtshaus begeben hatte, wo eben die nötigen gerichtlichen Formalitäten vollzogen wurden.

Abb. 13: Die erschreckende Wasserflut, 1683

Kapitel 9

Waldemar von Herbach hatte im Laufe des Tages sehr oft Gelegenheit, die peinlichsten Proben der Selbstbeherrschung zu bestehen. Ihm, als dem Vertreter der Gutsherrschaft, lag es ob, die mit der Untersuchung des vorläufig als Raubmord festgestellten, blutigen Vorfalls beschäftigten, richterlichen Beamten zu unterstützen, und er glaubte, eine besondere Hilfsbereitwilligkeit zeigen zu müssen, um jede Verdächtigung gegen sich dadurch leichter abwenden zu können. Es war eine Riesenaufgabe der Heuchelei und Selbstbeherrschung, der er sich unterzog, und er meinte gegen Abend, als er sich in seine Zimmer zurückziehen konnte, sich Glück wünschen zu dürfen über einen allerdings schwer errungenen, aber außerordentlich gelungenen Erfolg. Es war aber doch ein von Triumph und gleichzeitig von tödlicher Furcht überstürzendes Gefühl, als er, in sein Arbeits-Kabinett getreten, hastig die Tür hinter sich verschloss und misstrauisch mit zaghaften Blicken jeden Winkel des Zimmers untersuchte. Herbach befand sich allein, nach den entsetzlichen Aufregungen des Tages zum ersten Mal ohne die Gesellschaft anderer. Der Mörder sah sich allein mit dem Bewusstsein des Verbrechens und all der Erinnerung an die erschütternden Bilder, die sich an den Pistolenschuss am Steinkreuz anreihten. In jeder Gardinenfalte, in jedem Tapetenschnörkel, aus den Büchern und Papieren auf dem Schreibtisch starrte ihm das bleiche, sanfte Antlitz des Ermordeten entgegen. Wenn Herbach krampfhaft die Augen schloss, däuchte es ihm, dass jemand über seine Schultern in sein Angesicht blicke.

Wenn er erschreckte, die Augen wieder aufschlug, glaubte er, dass im herzzerreißenden Jammer das erlöschende Niobe-Haupt der Mutter des Erschossenen zu gewahren.

»An dem Frevel gegen dich war meine Absicht unschuldig, entsetzliches Weib!«, rief Herbach halblaut, und Fieberfrost schüttelte ihn. »Klagt das Verhängnis an mit Euren bleichen Gesichtern, nicht mich das elende Werkzeug!« Wie gehetzt, eilte er an seinen Schreibtisch und zündete die Lampe an und ebenso die Kerzen der doppelarmigen Leuchter auf dem Kaminsims. Während dieser kleinen Beschäftigung hatte er sich wieder ermannt. Fast trotzig blickte er auf die Kerzenflämmchen, die erst zu erlöschen schienen und dann plötzlich hell aufstrahlten. »Fort mit dem spießbürgerlichen Kleinmut!«, raunte der unheimliche Mann, und er verzog die Lippen zu einem verächtlichen Lächeln. »Die bleichen Gesichter tasten meine gesellschaftliche Ehre nicht an, und sie treten als Ankläger nur vor ein Forum, an welchem ich selbst erster Richter bin. Übrigens die Toten haben kein Recht mehr an das Leben, und weil ich lebe, wird mein Leben seine Rechte verteidigen. Ich habe es heute erprobt, dass ich der Verteidigung gewachsen bin. Ewige Nacht bedecke die blutige Tat der letzten Nacht! Fahre hin, feiges Zagen, und dann mit überlegter Ruhe die Vernichtung der Beweisstücke zur Hand, die gegen mich zeugen könnten!« Er trat ans Fenster, spähte hinaus und ließ alsdann vorsichtig die Rollos nieder.

Herbach begab sich jetzt an den Schreibtisch, durch den Druck auf einen Knopf in der Verschlingung der eingeschnitzten Arabesken öffnete sich ein geheimes Fach. Aus demselben langte der Verbrecher Kette, Uhr und Börse des Ermordeten hervor. Dann griff er mit unsicherer Hand nach dem Taschenbuch, auf welchem der Name »Emil Bernheim« eingepresst war.

Die leblosen Gegenstände, die fürchterlichen Zeugen des Verbrechens, lagen jetzt vor demjenigen, dem der Akt der Vernichtung eines Menschenlebens so leicht vorgekommen war. Er versank einige Minuten in Betrachtung der Sachen, dann stieß er ein höhnisches Lachen aus, dieser Hohn sollte ihm selbst gelten. »Tor«, sprach er sehr ernsthaft werdend, »du bedarfst noch großer Ruhe, um dich nicht durch die eigenen Kindereien zu verderben! Gebiete, dass dies Gold, dies Papier Staub und in alle Welt von den Winden zerstreut werdet. Der Mensch gräbt mit erschütternder Konsequenz die Spuren seines Daseins in die Zukunft, und es gehört die Schöpferkraft einer Allmacht dazu, um die Spuren zu vernichten.« Die letzten Worte erloschen gleichsam auf den Lippen, und er stierte wiederum lange auf die Gegenstände, vor denen, wie ärmlich sie auch erschienen, dennoch der Menschenwitz seine Zerbrechlichkeit so bloßstellte. »Geht zurück in euren Versteck«, sagte er endlich und fügte gleichsam zu seiner eigenen Beruhigung hinzu: »Wer würde euch im Zimmer Waldemar von Herbachs suchen? Ruht aus, bis sich der erste Sturm gelegt hat, dann wird sich die Gelegenheit finden, euch der ewigen Unsichtbarkeit zu überliefern.«

Er packte die Sachen in das noch offenstehende Fach und sorgte demnächst mit Vorsicht für den künstlichen Verschluss.

Dann ging er sinnend in dem Zimmer auf und nieder. Sein hastiger Schritt deutete auf das Stürmische der Gedanken. Plötzlich blieb er stehen und murmelte mit zähneknirschender Stimme: »Das Schicksal beleidigt mich schwer, es riss mich wegen eines Fehlgriffs zum Mord, und derselbe Alp, den die Mitteilungen Lechamps auf meine Schultern wälzte, ruht noch auf mir, sein ehernes Gewicht verdoppelnd. Dennoch möchte ich dir danken, rätselhaftes Fatum, denn ich fühle, wie meine Kräfte sich stählen, wie es sie verlangt, sich mit den äußersten Schwierigkeiten zu messen. Felix, du darfst deinen Sohn nicht sehen! Ich bin zu jeder weiteren Tat entschlossen. Wohlan überlege ich die nächsten Schritte mit kaltem Blut.«

Wieder begann er die Promenade durch die Stube. Seine Bewegung wurde ruhiger, er schien mit seinem Plan ins Reine zu kommen. Er langte aus einem Wandschrank eine Flasche Portwein hervor und schenkte sich ein großes Glas voll ein. Er bedurfte eines körperlichen Reizes, denn die Nerven schienen nach den unendlichen Aufregungen erschlaffen zu wollen. Er trank in langen Zügen mit wilder Gier.

»Und jetzt«, sprach er laut vor sich hin, »jetzt zu Felix! Ich muss ihn einschüchtern, und lässt er mich den Burschen empfangen, dann, Hella Martensen, müsstest du selbst aus deinem Grab aufsteigen, um dein Kind in Waldenows Schloss als künftigen Gebieter einzuführen. In meiner Hand ist Felix' Trauschein. Jeder andere Beweis der Legitimität der Ehe Waldenows ist durch den Einsturz der Kirche auf der Hallig vernichtet, gewiss ist auch der schon damals alte Priester tot, und kein Zeuge wohnte der heiligen Handlung bei. Kommt es zum Äußersten, so bestreite ich, selbst Felix gegenüber, die Legitimität der Ehe!«

Er warf einen Blick in den Spiegel und war mit seinem Aussehen zufrieden, denn keine Spur seines Antlitzes verriet die Aufregung, in der er sich befand. Dann verließ er sein Zimmer und schritt dem Flügel zu, in dem sich die Räume der Wohnung seines Vetters befanden.

Kapitel 10

Die Uhr von dunkler Bronze auf dem Kamin im Zimmer des Baron Felix von Waldenow wies auf die siebente Abendstunde. Die Wohnräume des Gutsbesitzers, dessen Reichtum alle Annehmlichkeiten der Welt zu Gebot standen, gewährten, obgleich mit allem Komfort ausgestaltet, doch keinen freundlichen Eindruck, die Luft darin war schwer und erstickend, die Fenster blieben fast beständig dicht verhängt, und die sieche, düstere Erscheinung Felix' in seiner Häuslichkeit passte in den Rahmen der düsteren Umgebung.

Je mehr der Tag sich geneigt hatte, desto mehr schien die Lethargie von Waldenow zu weichen, sein Auge glänzte heller, seine Wangen erschienen von leichter Röte überflogen und unfähig, länger in der Spannung, in der er sich befand, auf seinem Stuhl auszuharren, durchmaß er langsam, auf seinen Stock gelehnt, das Zimmer, dessen Boden ein weicher Teppich bedeckte.

»Sei still mein Herz, sei still«, sagte er vor sich hin. »Brich nicht zu früh, ruhig sollst du sein und leidenschaftslos prüfen, ob es Wahrheit oder Lüge, was mir die nächste Stunde bringt. Wie es auch kommen mag, ich bin das Opfer. Ist jener Jüngling kein Betrüger, der mich betören will, so muss ich dem Mann fluchen, der bis dahin meinem Herzen am nächsten stand, und besteht der Fremde die Prüfung nicht, dann wird die Wunde nimmer in meiner Brust vernarben, die heute die Erinnerung von Neuem aufriss, die Erinnerung an mein armes Kind, und an Hella, die ich doch nimmer vergessen kann.«

Ein leiser Ruck des Schlagwerks der Uhr, denn selbst dieses war, die Nerven des Barons zu schonen, auf Waldemars, des sorgsamen Vetters, Anordnung gehemmt, meldete den Beginn der siebenten Stunde, erschöpft sank Felix in seinen Sessel. »Die Zeit ist da, Gott verleihe mir Kraft!«

Ein leises Kratzen an einer kaum bemerkbaren Seitentür ließ sich vernehmen, und leicht wie eine Sylphide, glitt Mila in das Zimmer des Barons.

»Oheim er harrt draußen in der Garderobe, darf er kommen?«

»Ja, ja!« Des Barons Stimme war kaum vernehmbar.

Mit eigener Hand zündete Mila die silberne Lampe an, die sich auf einem Nebentisch befand und hing den grünen Schirm darüber. Ein mildes, wohltuendes Licht verbreitete sich im Zimmer, dann trat sie in die Tür, durch die sie gekommen und winkte. Eine kurze Pause entstand, deutlich drang das tiefe Atmen des Barons Felix durch die Stille.

Jetzt schritt in ruhiger Haltung ein Jüngling ins Zimmer. Sein schönes, ernstes Antlitz war von einer leichten Blässe überflogen, und Träne auf Träne rann aus seinen Augen.

So schritt er bis zu Felix, dann ließ er sich auf die Knie vor demselben nieder und leise, kaum dem Baron verständlich, flüsterte er: »Mein Vater!«

Mit fast jugendlicher Kraft stieß Herr von Waldenow aufspringend den Sessel zurück und trat dicht an den Knieenden heran, dessen Antlitz von dem Strahl der Lampe hell beleuchtet wurde, mit zitternder Hand strich er das blonde Haar aus des Jünglings Stirn zurück, mit langem, tiefem Blick sah er ihm in die Augen.

»Ja, du bist es!«, klang schallend die sonst ge-
brochene Stimme des kranken Mannes, »mächtig
spricht es mein Herz, mächtig rufen deine Züge
mein eigenes Ich vor meine Seele, ach! Auch dieses,
mein Haar war einst blond wie das deine, das Auge
blau...«

»So stand Ihr Bild vor mir, mein Vater«, unterbrach ihn der Kniende, »so wies es dieses Medaillon,
das um den Hals des Kindes hing, dem sein Vater
es vor Jahren gesendet hat.«

Bei diesen Worten zog er ein kleines Medaillon an
goldener Kette hervor und überreichte es Waldenow,
es war dasselbe Porträt, von dem Lechamps Herrn
Waldemar von Herbach erzählt hatte.

Der Baron schrie laut auf, ein stummer Zeuge
war es, der sich seinem Auge darbot, aber desto
beredter sprach er für den jungen Mann zu seinen
Füßen. Den Baron durchrieselte das Gefühl eines
längst entwöhnten, seligen Glücks. »Mila«, bat er
mit erstickter Stimme, »einen Stuhl, die Freude
überwältigt mich!«

Er schwankte auf seinen Füßen, aber des auf-
springenden Sohnes starker Arm stützte ihn, bis er
mit Milas Hilfe in seinen Sessel gelangt war.

»Mir ist wohler«, sagte der Kranke alsdann leise,
»berichte mir nun alles, alles. Mir bleibt vielleicht
nur noch kurze Zeit, wo ich noch hören, wo ich
noch handeln darf, und bei dem ewigen Gott, hier
heißt es schnell handeln.«

Der junge Mann begann in bescheidenen, aber in
der von Aufrichtigkeit gebotenen freimütigen Weise
zu berichten, was er von seinem Pflegevater, Niels
Gardberg, erfahren, und was der Leser aus den
Begebenheiten dieser Erzählung bereits kennt. Der

Baron lauschte, sich immer mehr nach vorn dem Sprechenden zuneigend, anfänglich mit fast wollüstiger Empfindung der wohlklingenden Stimme und der gewandten Ausdrucksweise seines Sohnes. Bald aber verdüsterte sich seine Stirn, seine Hände umschlossen krampfhaft die Armlehnen des Fauteuils, es rann auch zuweilen eine Zähre über die kranken Wangen oder ein Strahl der Freude huschte meteorartig über das, alle innigste Teilnahme verratende Antlitz.

»Und als ich«, schloss der Jüngling seine Mitteilung »während meines Pflegevaters schwerer Krankheit Aufschluss über meine Geburt erhielt, trieb es mich mit unwiderstehlicher Unruhe, meinen Vater sehen zu können. Hätte mich das Siechbett Niels Gardbergs nicht festgehalten, ich würde sofort nach Europa aufgebrochen sein. Glücklicherweise wendete sich der Zustand des Kranken zur Besserung, aber er bedurfte zur völligen Wiederherstellung noch vieler Wochen. Inzwischen hatte ich mich mit unserem Nachbarn namens Leisenberg, einem wissenschaftlich gebildeten Deutschen, dem ich meine geistige Erziehung zu verdanken habe, in Verbindung gesetzt. Von ihm unterstützt, stellte ich Nachforschungen über meinen Vater an, und ich erfuhr, dass Baron von Waldenow, ein Siecher, auf seinen Gütern lebe. Da hielt mich nichts mehr, ich machte mich auf, um ihm eine Stütze werden zu wollen. Der Vorsicht halber unter erborgtem Namen, ging ich in Begleitung Niels Gardbergs nach Europa. Ich selbst nahm den näheren Weg hierher über London, meinen Begleiter zog sein Herz zur Hallig der Nordsee, zur Stätte seiner Geburt, wo er überdies in Leisenbergs Namen eine heilige Mission zu erfüllen hat, aber er versprach mir auch, mir auf dem Fuße zu folgen und durch sein Zeugnis...«

»Bedarf es noch eines Zeugnisses?«, rief Felix leidenschaftlich. »Oh, Waldemar, Waldemar, ersetze mir die trostlosen Lebenstage! Zahle das Glück zurück, um das du mich bübisch betrogen!«

»Still, still, teurer Oheim«, bat Mila stehend. »Es wird ja alles gut werden, alles!«

Ein leises Pochen an der Tür unterbrach das junge Mädchen. Auf das Herein erschien Waldenows Kammerdiener. Derselbe meldete: »Frau Lydia Bernheim, wünscht sich zu verabschieden.«

»Lydia Bernheim?«, rief Felix, »ja sie komme, die unglückliche Frau. In ihrem Jammer um den verlorenen Sohn wird sie mich nicht beneiden um die Wonne, die mir des gerechten Gottes Fügung verleiht.«

Die Witwe trat ein. Die wenigen Stunden, seit sie auf Waldenow eingetroffen war, hatten sie um Jahre gealtert. Sie grüßte die Versammelten mit leisem Neigen des Hauptes.

»Man bereitet die Leiche meines teuren Sohnes zur Überführung nach der Stadt vor«, nahm sie das Wort, »ich benutze die Zeit, Ihnen Lebewohl zu sagen, Lebewohl für dieses Leben, denn ich werde mich in die Einsamkeit zurückziehen, um dort der Erinnerung zu leben.«

»Gnädigste Frau«, erwiderte der Baron mit alterierter Stimme, »rechnen Sie mir es nicht an, dass ein so grässlicher Schicksalsschlag auf meinem Besitztum, das sich Ihnen gastlich öffnete, traf. Ihr Schmerz ist mir heilig, und ich wage nicht, ein Wort des Trostes zu sprechen. Aber Sie sind edel genug, in Ihrem berechtigten, tiefen Leiden, dem

Glück eines anderen, das leider durch Ihr Unge-
mach getrübt werden musste, Ihre Teilnahme nicht
zu verschließen. Frau Bernheim, Sie haben Ihren
Sohn verloren, ich trauere mit Ihnen, und aber Felix von Waldenow hat seinen Sohn wiedergefunden.
Beneiden Sie den armen Felix nicht! Hier steht vor
Ihnen ein Kind der Hallig, mein Kind, das Kind meiner Hella, das Gott mir sandte, ehe sich mein Auge
schließt, und wachen will ich ob seines Rechtes.
Noch in dieser Stunde soll alles geordnet werden.«

Lydia betrachtete mit Erstaunen den jungen
Mann, aber bald eilte sie auf denselben zu und
drückte ihm in sprachloser Rührung die Hand.
Dann sagte sie gefasst: »Es ist das Ebenbild seines Vaters, da dieser mit mir auf die Hallig gerettet
wurde.«

In diesem Augenblicke wurde im Vorzimmer die
Stimme des Herrn von Herbach laut.

»Waldemar!«, flüsterte der Kranke. »Oh, wären
die Augenblicke vorüber, die mich jetzt erwarten!«
Der Edelmann trat ein, sein Antlitz war gerötet,
und seine Augen funkelten in Folge des genossenen
starken Weines, der sein Blut heftiger aufwallen
ließ.

»Ich finde Gesellschaft bei dir«, sagte er, Mila und
Lydia mit einem Blick überfliegend, während der
junge Mann zufällig eine Stellung einnahm, die ihn
den Blicken des Eintretenden entzog. »Verzeihung,
wenn ich störe«, fuhr Herbach fort, »aber eine Angelegenheit von hoher Wichtigkeit ruft mich zu dir.
Da meldet mir eben unser früherer Kammerdiener,
der jetzige Hamburger Kaufmann Lechamps, dass
ihm in London ein Abenteurer begegnet, der...«

»Lechamps!«, rief der junge Mann, »so nannte sich ja der Herr, der unter der Maske freundschaftlicher Teilnahme meine Verhältnisse zu erkundigen strebte. Niels Gardberg hatte den Namen des Elenden im Dienst des Herrn von Herbach vergessen und wusste nur, dass er französisch klang.«

Bei den ersten Worten des Fremden war Waldemar entsetzt zurückgewichen. Nun aber, als dieser ihm sein Antlitz zuwandte, erkannte er die verjüngten Züge seines Vetters. Herr Lechamps hatte wahr gesprochen.

Mit dem Aufgebot seiner ganzen Kraft nahm sich jetzt Herbach zusammen, er fühlte die Nähe des über ihn hereinbrechenden Gerichts, und nur die äußerste Kaltblütigkeit vermochte ihn zu retten.

»Dieser Mann ist ein Betrüger, Felix!«, rief er. »Man täuscht dich durch eine Ähnlichkeit. Du bist leidend, ich aber habe die Verpflichtung, für die Ruhe deines Körpers und deiner Seele zu sorgen. Ich befehle Ihnen«, fuhr er, zu dem jungen Mann gewendet fort, »dieses Zimmer zu verlassen! Mir haben Sie Rede zu stehen, und ich werde untersuchen, Ihr Recht prüfen...«

»Dies Zimmer ist das Eigentum meines Vaters«, erwiderte der Fremde mit Würde und Entschiedenheit, »seiner Weisung allein werde ich Folge leisten.«

»Waldemar, dieser Jüngling ist mein Sohn!«, brach der Baron jetzt los. »Du aber bist ein Elender, der meiner Gattin, meiner Hella Herz brach! Sei verflucht, verflucht!« Die Stimme versagte dem Leidenden, mit zitternder Hand riss er heftig an dem für die Diener bestimmten Klingelzug. Aus allen Räumen des Hauses eilten, so stürmischen Klingelns ungewohnt, die Domestiken herbei, denn etwas Wichtiges musste sich ereignet haben.

Die übermäßige Anstrengung seiner Nerven ließ den Baron, den sonst so hinfälligen Mann, frisch und kräftig wie einen Jüngling erscheinen. Alles Blut war ihm in die Wangen gedrungen, und fast unwillig wies er Mila zurück, die ihn zu unterstützen eilte, als er sich von seinem Sitz erhob. Staunend starrten die herbeigekommenen Diener auf ihren Herrn, den sie kaum wiedererkannten.

»Den Gerichtshalter!«, rief Felix. »Geschwind, ich will eine Erklärung abgeben, Ihr alle sollt Zeugen sein. Dieser Herr hier«, er wies auf den jungen Mann an seiner Seite, »dieser Herr ist mein ehelicher Sohn, den ich tot glaubte, und den ein gütiges Geschick mir wiedergab, er ist Majoratserbe auf Waldenow – er allein!«

Waldemar von Herbach trat vor den heftig Erregten. »Als präsumtiver Erbe des Majorats Waldenow im Fall des Todes meines Vetters, des Barons Felix, protestiere ich. Ich behaupte, dass dieser Mann ein Betrüger ist, der mir zukommende Rechte zu rauben gedenkt! Und selbst, wenn seine Identität mit dem Kind Hella Martensens erwiesen würde, so fechte ich die Legitimität der Ehe des Barons Felix von Waldenow an! Wo ist der Trauschein, der diese Ehe bestätigt?«

Laut schrie Felix auf: »Elender! War ich es nicht selbst, der in blindem Vertrauen dir das Dokument mit anderen Papieren überlieferte, damit du es im Geheimfach des Schreibtisches in deinem Zimmer bewahrst? Dass du dies verleugnest, ist ein doppelter Beweis der Schuld, der grenzenlosen Sünde, die du an mir begingst. Aber dass vor Gott heiligem

Altar der Bund meiner Ehe geschlossen, dafür wird es auch andere Beweise geben.«

Herbach lachte auf: »Beweise? Das Kirchenbuch ist seit mehr als achtzehn Jahren mit der Halligkirche zugleich vernichtet, in der die Ehe angeblich in Szene gesetzt sein soll. Der Priester, schon damals ein Greis, muss nun tot oder wenigstens unzurechnungsfähig sein...«

»Der Priester ist tot, der den Bund Felix von Waldenows mit Hella Martensen eingesegnet hatte, aber ein Zeuge lebt, und dieser Zeuge bin ich, Leo Barfeld.« Mit diesen Worten drängten sich durch die Reihen der Dienerschaft zwei soeben unbemerkt eingetretene Männer bis dicht an Waldemar von Herbach heran, der Einsiedler von der Hallig war der eine, der andere Niels Gardberg.

Bei Leos Anblick zuckte Lydia schmerzlich zusammen. Um seine, ihres Bruders Verräter, Nähe zu vermeiden, wollte sie heimlich das Zimmer verlassen, aber sie war die Erste gewesen, die Barfelds Augen bei seinem Eintritt gesucht hatten, und nun trat er ihr entgegen, bittend die Hände gegen sie ausstreckend.

»Lydia Bernheim«, sagte er mit weicher Stimme, »fliehen Sie nicht. Soeben mit dem guten, treuen Niels hier angekommen, vernehme ich von dem entsetzlichen Ereignis, das Sie betraf. Ihren Sohn vermag ich Ihnen nicht wieder zu geben, aber vielleicht kann ich ein anderes, geliebtes Wesen für Sie vom Tod erstehen lassen. Nur noch wenige Augenblicke verweilen Sie hier, bei dem Andenken an vergangene Zeiten beschwöre ich Sie!«

So eindringlich tönte Barfelds Stimme durch ihre Seele, dass Lydia sich willenlos fügte. Aber in dem

Gram, der ihr das Herz zernagte, konnte sie nicht noch die Last des Anteils an anderem Geschick tragen. Sie sank in einen Sessel, wie ein wüster Traum glitten die Szenen, die sich hier darboten, an ihr vorüber.

Unwillkürlich war Waldemar beim Erscheinen der bei den neuen Fremden zurückgetreten. Diese Gegner hatte er nicht erwartet, aber er fühlte, dass jeder Schein einer Zaghaftigkeit dem Verlust seiner Sache gleichkomme, und seine ganze Kaltblütigkeit bewahrend, sagte er in ruhigem Ton: »Ich gestehe, dass diese ganze Szene einer wohl einstudierten Komödie gleicht, der mein Herr Vetter vielleicht selbst nicht ganz fremd ist, um einem Kind, das ich nicht als einen legitimen Waldenow anerkenne, meine Rechte zu übertragen. Soviel ich weiß, soll der Vollziehung der Ehe kein Trauzeuge beigewohnt haben. Mein Vetter selbst teilte mir dieses mit, und er wird sein Wort nicht verleugnen, und Sie wollten behaupten, Zeuge gewesen zu sein?«

»Ich behaupte es!«, erwiderte Leo ruhig. »In jener Nacht saß auf dem Chor der Halligkirche ein Mann vor der kleinen Orgel, um der kurzen, heiligen Handlung durch die Klänge einer Psaltermelodie eine höhere Weihe zu verleihen. Ich war der Spieler, und diese meine Augen sahen Felix von Waldenow und Hella Martensen vor dem greisen Prediger am Altar knien, und diese meine Ohren vernahmen das bindende Ja.«

»Und dennoch weiche ich nicht eher, bis das Gericht die Gültigkeit der Ansprüche jenes Mannes bestätigt, den ich einen frechen Usurpator nenne«, rief Waldemar. »Den Trauschein der Ehe begehre ich zu sehen, wenn wirklich diese Ehe je vollzogen, denn dass ich das Dokument besitzen soll, ist eine der närrischen Einbildungen meines so leicht erregbaren Vetters, den unter Kuratel zu stellen, ich noch morgen bei der zuständigen Behörde beantragen werde.«

Diese Frechheit reizte die Entrüstung des Barons zu einem heftigen Ausbruch. Der kranke Mann riss sich aus den Armen seines Sohnes, sprang von dem Sessel empor und rüttelte Waldemar, denselben vor der Brust in die Kleider fassend, mit einer außergewöhnlichen, nur durch die äußerste Exaltation möglichen Kraft.

»Elender!«, keuchte der Baron mit halberstickter, hohler Stimme, »den Schein, oder du gehst mir voran in die Ewigkeit!«

Waldenow konnte von seinen Freunden nur mit Mühe an seinen Sessel zurückgeführt werden, während Herbach bleiches Entsetzen auf dem Antlitz, keiner Erwiderung und keiner Abwehr mächtig, sitzen blieb. Unmittelbar trat aber bei dem Baron nach der heftigen Aufregung eine entsprechende Reaktion ein. Wie ohnmächtig lehnte er sich in Leos Arme.

Herbach erhob sich jetzt, er war noch sehr bleich, aber er hatte seine Kaltblütigkeit wiedergewonnen. »Sie sehen«, sagte er zu den Anwesenden gewendet, »der Paroxysmus dieses Mannes kann gefährlich werden. Ich fürchte mich und werde sofort das Gut verlassen, um in der Residenz die weiteren Schritte vorzubereiten. Noch in dieser Stunde ordne ich meine Papiere und gehe.«

Felix stand plötzlich wieder kerzengerade da, seine Augen leuchteten fast unheimlich. »Nicht von der Stelle!«, rief er heiser und fast ersterbend. »Haltet ihn fest, ich beschwöre Euch! Er will das Dokument vernichten. Es ist in einer Kassette im Geheimschrank des Schreibtisches in seinem Arbeitskabinett!«

Ein neuer Gedanke schien den Baron bei diesen Worten zu durchblitzen. Seine Stimme artikulierte sich deutlicher, und er fuhr mit der Akzentuierung der Bestimmtheit fort: »Mein ist dieses Haus und alles, was es in seinen Mauern birgt. Holt den Schreibtisch des Herrn von Herbach hierher, ich befehle es!«

Herbach fühlte sein Blut in den Adern erstarren, nun war alles verloren, dennoch beherrschte er sich und gebieterisch rief er heftigen Tones: »Wehe dem Schurken, der sich an meinem Eigentum zu vergreifen wagt, im Zuchthaus hat er es zu büßen! Ich selbst aber werde...«

Geschmeidig glitt er bis zum Eingang des Gemachs, um dasselbe zu verlassen, aber eine kräftige Männerhand legte sich auf seine Schulter. Es war die Hand des Gerichtshalters, den der von dem Baron von Waldenow abgesandte Diener herbeigerufen hatte. »Bleiben Sie, gnädiger Herr«, sagte der Beamte, »der Baron von Waldenow ist in seinem Recht als Herr und Eigentümer des Hauses und alles darin Befindlichen. Können Sie Ihr Anrecht an dem besagten Schreibtisch nachweisen? Gut! Wo nicht, dann, Ihr Diener, tut Eure Pflicht.«

Knirschend trat Waldemar zurück, er sah ein, seine Rolle war ausgespielt. Der Augenblick seiner Vernichtung stand bevor. Hier handelte es sich nicht lediglich um das Auffinden des Trauscheins, der ihm bloß mit Schande und Armut drohte, es handelte sich überdies um die nur zu gewisse Entdeckung jener blutzeugenden Gegenstände, die das geheime Fach verbarg, und an diese unseligen Dinge knüpfte sich ein öffentlicher Sensationsspektakel und das Schafott. Des Verbrechers Kraft drohte zu schwinden, der Bewegung fast unfähig, warf er sich in einen Sessel nieder, während Leo Barfeld zu der Mutter des Ermordeten getreten war. »Lydia Bernheim«, sagte er mit lauter Stimme, »Sie beklagen einen teuren Bruder, der, wie Sie glauben, der tückischen Bosheit eines falschen Freundes zum Opfer fiel. Jetzt in dieser ernsten Stunde, wo Gott seine richtende Hand über uns ausbreitet, da die Sünde entlarvt wird, und Recht und Wahrheit siegen werden, da ruft auch mich der höhere Schicksalsspruch hierher, um vor Ihnen ein Zeugnis abzulegen wider Waldemar von Herbach.«

Lydia blickte in Spannung und Furcht zu Leo auf, der, wie ein Riese gerechten Zorns, in entschlossener, jeder Barmherzigkeit barer Ruhe, hochaufgerichtet dastand und mit feierlicher, markerschütternder Stimme Folgendes sprach:

»Auf der Universität besaß ich einen Freund, dem alle Bruderrechte gehörten, und der diese volle Freundschaft zurückgab. Er zählte zu den Edelsten in Deutschlands akademischer Jugend. Leider verführte seine glühende Begeisterung zur Zeit der politischen Wirren ihn zu Irrtümern, denen das Gesetz die Bezeichnung Hochverrat erteilt. Mein Freund achtete meine größere Besonnenheit und, um mich nicht unnötig großen Gefahren auszusetzen, verschwieg er mir sein politisches Treiben, das bis zu einer Konspiration mit mehreren Gesinnungsgenossen ausgeartet war. Zu jener Zeit rief mich das Ableben eines teuren Verwandten nach meiner

Heimat. Kaum dort angelangt, erschien einer meiner Kommilitonen. Er erklärte seine unerwartete Ankunft mit der Besorgnis um jenen Freund und erzählte mir die Einzelheiten der gefährlichen Konspiration, fügte hinzu, dass der Sammelpunkt der Verschwörer meines Freundes Wohnung sei, dass dort, hinter Tapeten versteckt, Waffen, die Statuten und Symbole der Verschwörer sich befänden, und dass die Polizei der Konspiration auf der Fährte sei. Das Verderben des Freundes schien unausbleiblich, wenn er sich nicht schleunigst flüchte. Ich sollte den Unglücklichen zur Flucht vermögen. Niedergebeugt von dem Trauerfall in meiner Familie, der Verzweiflung nahe wegen der Gefahren, die dem Freund drohten, ratlos den Charakterbesonderheiten des Freundes gegenüber, dessen Aufopferungsfähigkeit und hochgespannte Ehrbegriffe in ihm einen edlen Trotz stets rege hielten, da fragte ich den Kommilitonen, dessen Anwesenheit ja die Treue für den Bedrohten so schön dartat, was zu tun sei. Es bedurfte keiner großen Kunst, mich dazu zu überreden, dem Freund eine allgemeine Warnung schriftlich zukommen zu lassen, die ich mir in die Feder diktieren ließ. Das Billett lautete etwa: ›Ich weiß, dass im Haus des Hermann Leisenberg eine Studentenverschwörung besteht, die gegen das Haupt des Landesherrn gerichtet ist. Die Seele derselben ist der Genannte. Hinter der Tapetenwand des Sofas finden sich die Statuten und Waffen. Die Parole heißt: Freiheit durch Tyrannenmord.‹ Diese Zeilen sollten unter Hermanns Papiere gelegt werden und ihn zur Besinnung bringen. Der Korpsbruder reiste ab. Als ich wenige Tage später zur Akademie zurückkehrte, erfuhr ich Hermanns Verhaftung, seine Verurteilung und geheime Hinrichtung. Meine Kommilitonen gingen mir sehr ostensible aus dem Weg. Niemand gab mir eine Erklärung dafür, und ich verließ bald den Ort, der mir unerträglich wurde, da die Stadtmauer von dem Blut meines Freundes benetzt war. Zwei Jahre später erfuhr ich, dass das von mir geschriebene Billett in die Hände des Stadtkommandanten geraten war und das unglückliche Schicksal des armen Hermann bereitet hatte. Jenen angeblichen Freund des Erschossenen, der mir die Zeilen diktiert hatte, sah ich erst jetzt wieder, und gegen denselben richte ich meine Anklage. Er, der gewissenlose Schurke, hatte das Billett den zuständigen Behörden zugestellt. Der Beweggrund, weshalb er es tat, ist so infam als der Verrat selbst. Der falsche Freund hatte kurz vorher auf eine herausfordernde Stichelei eine Beleidigung von Hermann erhalten, die, sollte sie nicht den studentischen Verruf für den Beleidigten herbeiziehen, durch ein Duell auf Tod und Leben gesühnt werden musste. Das Kartell blieb auch nicht aus, aber der Herausforderer schuldete Hermann 100 Friedrichsd'or. Der Ausgleich der Schuld war nötig, bevor man sich Rendezvous gab. Der Herausforderer, dem man vorwarf, dass er nicht immer die delikatesten Mittel zur Beschaffung von Geld anwendete, schien weder Lust zu haben zu zahlen noch sich zu schlagen, er zog die abscheuliche Verräterei vor, um sich des Gläubigers und Gegners zu gleicher Zeit zu entledigen. Dieser Schurke von Verräter aber war Waldemar von Herbach!«

»Märchen über Märchen!«, rief Herbach. »Wie jener Brief in des Gouverneurs Hände kam, das weiß ich nicht, ich legte ihn selbst zwischen meines teuren Hermanns Schriften, und als er mich darüber ertappte, gestand ich ihm offen meinen Gang zu Barfeld, ich beschwor ihn bei der innigen Liebe, die uns seit Jahren in gleichem Fühlen verbunden. . .«

»Du lügst!«, donnerte ihm Niels Gardbergs kräftige Stimme entgegen. »Du selbst händigtest das Schreiben Hermanns Richtern ein. Du überlieferst den Unglücklichen mit kalter Überlegung dem Schafott!«

»Und kam vielleicht des Erschossenen Geist«, fragte der Edelmann spöttisch, »in düsterer Mitternacht, Euch dieses zuzuraunen? Genug der Albernheiten, ich bin des Kinderspiels satt!«

»Nicht sein Geist erhellte die Wahrheit, aus des Lebenden eigenem Mund vernahm ich die saubere Geschichte bodenloser Falschheit, Hermann Leisenberg lebt noch!«

»Mein Bruder!«, rief Lydia außer sich, »mein teurer Bruder!« Der Schmerz, ob des geliebten, ermordeten Sohnes hatte ihre Tränen versteinert, die Freude löste sie mit milder Hand.

»Euch Niels Gardberg«, rief sie, »dem Treuen, Redlichen, Euch glaube ich. Oh, unselig, seliger Tag! Hier beweine ich den Toten, dort jubele ich dem Erstandenen entgegen. Ich soll meinen Bruder wiedersehen? Oh, erzählt, erzählt, durch welches Wunder wurde er gerettet?«

»Vor einem Jahr erfuhr ich es aus seinem eigenen Mund, da ich auf meinem Krankenbett in seiner Gegenwart, den ich lange als treuen Nachbarn geschätzt und geliebt, meinem Felix das Geheimnis seiner Geburt enthüllte. Der Name Waldemar von Herbach erweckte ein trübes Echo in ihm, von seiner Lippe entglitt zum ersten Mal seit Jahren der

Name Leo Barfeld. Als ich ihm sagte, dass dieser Mann mir nicht fremd, dass er Bürger unserer Hallig geworden, der plötzlich gekommen sei als ein guter, hilfreicher Engel den Bewohnern der öden Insel, und als ich mich gegen Leisenberg äußerte, ich glaube, er büße für eigene oder fremde Schuld...«

»Ja, ich habe gebüßt«, unterbrach ihn Leo. »Von jener Stunde an, wo ich mich schuldig glaubte an dem schrecklichen Schicksal meines Freundes, war jeder Reiz des Daseins für mich geschwunden. Ich wollte fortan lebend begraben, tot sein für die Welt und doch Gutes wirken, ich wurde ein Bewohner der Hallig.«

»Und zu ihm sandte mich Hermann Leisenberg mit tröstender Botschaft. Er glaubte zu verzeihen, er wusste ja nicht, was diese Stunde offenbart. Ihm selbst rettete die Gnade des damals regierenden Fürsten das Leben. Dem Hochverräter offenkundig die Strafe zu erlassen, verhinderten Rücksichten, dem mächtigen Nachbarstaat gegenüber. Allein in derselben Nacht, deren Ende Hermann den Tod bringen sollte, umfasste er, begnadigt, reuevoll des gütigen Fürsten Knie, der ihm das Ehrenwort abnahm, solange er, der Landesherr, lebe, niemand zu offenbaren, dass ihm das Leben geschenkt sei. Die nächste Stunde fand den Studenten ausreichend mit Mitteln versehen, frei unter falschem Namen auf dem Weg nach Amerika, im deutschen Vaterland galt er für tot. Er musste es selbst den nächsten Angehörigen gegenüber bleiben, es band ihn sein Wort. Als nach Jahren des gütigen Fürsten Auge brach, da war Hermann, nunmehr Gatte und Vater, zu sehr mit seiner neuen Heimat verwachsen, als dass er, der einzigen Schwester, die er reich und glücklich wusste, wie ein Gespenst der Vergangenheit, erscheinen wollte. Doch nun wird er selbst kommen, noch heute berichte ich ihm alles, er wird kommen, um an die Brust des Freundes, der Schwester zu sinken und den Fluch rächen, der durch jenes Mannes Schuld auf Barfelds Haupt fiel.«

Die leise Stimme des Barons von Waldenow unterbrach ihn. »Ich fühle mich sehr schwach, rasch, rasch, ehe es zu Ende geht, die Diener...«

Das Antlitz des Leidenden hatte eine eigentümliche, wachsgelbe Farbe angenommen. Sein Ton klang rau und gepresst. Inzwischen trugen die Diener den Schreibtisch Waldemars in das Gemach ihres Herrn und setzten ihn in der Mitte des Zimmers nieder.

»Waldemar«, fuhr der Baron fort, »ich fühle es, meine Augenblicke sind gezählt, ich will nicht mit bösen Gedanken scheiden. Ich will dir verzeihen, mehr noch, ich will dir eine Summe schenken, die dich gegen Entbehrungen schützt, aber mache ein Ende, zwinge mich nicht mit Gewalt...«

Wie eine Löwin vor der bedrohten Höhle die Jungen birgt, stellte sich Herbach vor den Schreibtisch. Tausend Gedanken kreuzten sich durch sein Hirn, Sollte er sich fügen? Seine Lippen bebten wie im Fieber, dann presste er gewaltsam hervor: »Baron von Waldenow, ich...«

»Zu Ende, zu Ende!«, drängte Felix. »Das Dokument will ich, du selbst hast stets behauptet, es befinde sich im Geheimschrank bei den anderen wichtigen Familienpapieren. Jetzt öffne, oder ich lasse den Schrank aufbrechen!« Sein Haupt sank zurück, seine Augen schlossen sich. War es schon der Tod, der mit eisigen Fingern sein Antlitz berührte?

»Mein Vater!«, rief Felix schmerzerfüllt, »oh, mein teurer Vater, schone dich! Er stirbt, um Gottes Willen, den Arzt herbei, den Priester!«

Aber schon erhob sich Waldenows Hand aufs Neue, noch einmal kam ein Flüstern über seine farblosen Lippen. »Ich werde leben, bis alles entschieden, keinen Arzt!«

Herr von Herbach war zu einem Entschluss gekommen, die Drohung seines Vetters, den Geheimschrank mit Gewalt öffnen zu lassen, hatte den Ausschlag gegeben. Er verwünschte sich selbst, dass er nicht längst das verhängnisvolle Dokument beseitigt, allein hätte nicht die Vernichtung des Papiers längst Verdacht erregen können? Und zudem, was konnte bisher das Vorhandensein des Scheines noch schaden, da er Kind und Gattin seines Vetters längst in ihrem Wellengrab vermodert glaubte? Jetzt war es unvermutet zu spät geworden. Nun musste er sich mit dem begnügen, was ihm seines Vetters Gnade bot.

»Ich nehme die Herren zu Zeugen«, sagte er mit lauter Stimme, »dass mein Vetter mir eine Summe zusichert, groß genug, meine Ansprüche als Edelmann zu befriedigen, dagegen erkenne ich seinen Sohn Felix als Majoratsherrn von Waldenow an und liefere den Trauschein des Baron von Waldenow und der Hella Martensen aus, der, ich erinnere mich jetzt, sich in meinem Besitz befindet.«

Ein seliges Lächeln verklärte die wächsernen Züge des Baron Felix, mit leisem Druck presste die erkaltende Hand die seines Sohnes.

»Ich bitte Sie, zurückzutreten«, fuhr Waldemar völlig ruhig fort, »denn allerdings befindet sich das Dokument in jenem Geheimschrank, dessen mein Vetter erwähnt, allein ich möchte dessen Mechanismus nicht jedem Auge Preis geben!«

»Nein, nein«, flüsterte Waldenow, »alle sollen Zeuge sein, Niels soll dicht zur Seite bleiben, dass der Schein nicht vernichtet werde!«

Waldemar presste die Lippen zusammen, dann verzog sich sein Antlitz zu einem listigen Lächeln. »Da ich nicht mehr Herr meines Eigentums bin«, sagte er mit so ruhiger Stimme, als befinde er sich bei der alltäglichen Unterhaltung eines Gesellschaftssalons, »so füge ich mich dem Zwang. Ich aber rufe die Anwesenden zu Zeugen auf, dereinst zu bestätigen, wie ein Edelmann von seinem Standesgenossen behandelt wurde, und wie man die Aufopferung eines Menschenalters für einen Kranken belohnte. Ja, meine Herrschaften, Felix von Waldenow hat seine Prüfung schlecht bestanden, als ich soeben versuchen wollte, ob sein Herz von meiner Treue, von der Ehrenhaftigkeit eines Edelmannes überzeugt sei. Der Gedanke, dass ich je den Entschluss gefasst hätte, einen dem Baron Felix näherstehenden Erben seiner Rechte zu berauben, ist mit sehr grobem Zwirn genäht, denn achtzehn Jahre erscheint wohl als eine ausreichende Zeit, ein Dokument, wie den Trauschein, verschwinden zu lassen, der einen unbequem deuchten würde. Jener junge Mann, der sich der Sohn des Barons Felix nennt, durfte nur in mir eine Stütze, vielmehr die rechte Handhabe zur Klarlegung seiner zweifelhaften Rechte gefunden haben. Undankbarkeit, Misstrauen, Verdächtigung, die ich dem Fremden verzeihe, die jedoch von der Seite, wo ich Erkenntlichkeit verdient zu haben glaubte, mich, einem giftigen Pfeil gleich, trifft, stößt mich zurück. Wohlan, ich weiche, tiefen, tiefen Schmerz in der Brust, und mögt Ihr nie bedauern, die Hilfe des aufrichtigsten Freundes unmöglich gemacht zu haben! Erlauben Sie«, fügte er dann hinzu, als er einen Eindruck seiner Worte auf den Baron nicht bemerkte, »dass ich nunmehr den Schrank öffne und das gewünschte Dokument meinem Vetter übergebe.«

Er warf einen Blick auf Lydia, die, abgesondert von den Männern, die den Schreibtisch umgaben, neben Mila an Waldenows Seite saß, anscheinend den wechselnden Eindrücken der Gefühle hingegeben, die ihre Seele durchströmten. Hoch atmete er auf, denn das Auge, von dem ihm die meiste Gefahr drohte, beobachtete ihn nicht, als er den Mechanismus spielen ließ und die nun sichtbare Tür des Geheimschränkchens mit seinem Schlüssel öffnete.

Wenige Augenblicke später reichte er Niels ein vergilbtes Papier. »Das ist der Trauschein, überzeugen Sie sich selbst«, sprach er in erheucheltem Geschäftston.

Niels überflog das Dokument. »Ja, es ist unseres würdigen Halligpfarrers Hand«, sagte der Seemann laut. »Es ist der Trauschein des Baron...«

Da tönte ein metallener, eigentümlich klingender Ton aus dem Innern des Schrankes, silberhell schlug es an, nun wieder und wieder, neunmal. Waldemars Antlitz wurde fahl wie das des sterbenden Felix im Sessel. Seine Hand erhob sich und versuchte, den Schrank zu schließen, aber schlaff sank sie zurück.

Schon bei dem ersten Schlag war Lydia empor-
gefahren. »Allmächtiger Gott«, schrie sie auf, »habe
Erbarmen! Dieser Ton ist meinem Ohr nicht fremd.
Allabendlich vernahm ich ihn seit Jahren um die
neunte Stunde von der Uhr meines Sohnes, und
diese Uhr ist hier, hier, ich muss sie sehen, und
koste es mein Leben!«

»Das Weib ist wahnsinnig!«, rief Waldemar, sich
der Verzweifelnden entgegenwerfend, aber mit über-
menschlicher Kraft stieß Lydia ihn zurück und, an
den Schrank stürzend, riss sie eine Uhr an goldener Kette, und ein Portefeuille hervor, dessen
Außenseite den Namen ›Emil Bernheim‹ in großen,
vergoldeten Buchstaben trug.

»Gottes Gericht! Gottes Gericht! Du bist meines
Sohnes Mörder, an deinen Fingern klebt sein Blut!«,
schrie die unglückliche Mutter dem Herrn von Herbach entgegen. Dann brach sie bewusstlos zusammen. Entsetzen lähmte die Anwesenden.

»Ja, ich tat es«, rief Waldemar, »aber nicht ihm
sollte die Kugel gelten, nicht ihn wollte ich in den
Forst locken, sondern diesen da, der mir die Fracht
der Mühen eines ganzen Lebens raubt, diesen, vor
dessen Ankunft mich Lechamps gewarnt. Ich spielte
ein gewagtes Spiel, ich habe es verloren und bezahle
so.

Mit Blitzesschnelle zog er ein kleines, mit schärfs-
ter, giftiger Flüssigkeit gefülltes Flacon, dass er wohl
für ein verhängnisvolles Ereignis bei sich geführt
hatte, aus der Brusttasche hervor, setzte es ebenso
schnell an den Mund und leerte es in einem Zuge.
Dann sank er leblos zu Boden. Noch immer stand
das Lächeln des Hohns auf seinem Antlitz, als der
Körper schon erstarrt war.

Während Niels und Leo um Lydia beschäftigt waren, knieten Felix und Mila vor dem Sessel des sterbenden Waldenow.

»Ich sterbe gern«, sagte er kaum noch vernehmbar. »Mit Gott bin ich versöhnt, und seit lange auf den Tod vorbereitet. Droben sehe ich meine Hella winken. Dich, mein Sohn, hat das Schicksal geprüft, und du wirst treu bleiben – Gott und seinen Geboten. Dich, Mila, die mir eine Tochter war und der ich viel Erkenntlichkeit schulde, dir vertraue ich meinem Sohn an. Er wird stets dein Schutz sein. Folge euch stets der Friede des guten Bewusstseins und ehrt still den, der euch hier segnet, bis über das Grab hinaus!«

Der Baron legte seine mageren, kalten Hände unter einiger Anstrengung auf die Häupter der vor ihm knienden, jungen Leute, die vergeblich versuchten, ein heftiges Schluchzen zu unterdrücken. Ein seliges Lächeln verklärte das Antlitz des Sterbenden. Dieses Lächeln verschwand nicht, als der Geistliche des Dorfes das Gemach betrat, um den letzten Trost der Religion zu spenden, und der Friede des Himmels lag auf des Barons Zügen, als längst schon die irdische Hülle erkaltet war.

Geliebt von den Untergebenen, geachtet im Land nah und fern, klingt der Name des Erben, des jungen Felix von Waldenow und Milas, seiner Gattin, liebliche Kinder spielen zu den Füßen des glücklichen Paares, dessen Häuslichkeit Niels Gardberg teilt, der seinen Besitz jenseits des Ozeans anderen Händen übergeben hat und sich seligpreist, die Enkel seiner Hella auf seinen Armen zu wiegen.

Das stattliche Hotel in der Residenz, das einst Lydia Bernheim bewohnte, ist nun einer anderen

Bestimmung geweiht, seit das Grab die Reste des ermordeten Sohnes umschloss. Wo sonst fröhliches Lachen und Festjubel ertönte, liegen jetzt, wohl gebettet und gepflegt, arme Kranke, und statt der galonierten Diener, die den geputzten Gästen seltene Leckerbissen boten, durchschreiten ernste Diener der Wissenschaft Zimmer und Säle. ›Bernheims Asyl‹, fügte der Wille der Stifterin der prahlenden Inschrift des Gründers des palastähnlichen Gebäudes hinzu, wie noch heute am Eingangstor der Stiftung zu lesen ist.

Lydia selbst aber weilt in weiter Ferne auf der meerumwogten Hallig, die Leo Barfeld teuer geworden, als Gattin des Einsiedlers, der Erinnerung lebend, ein guter Engel aller Leidenden und Bedürftigen. Ob sie noch leben? Der Erzähler weiß es nicht zu sagen, führt aber der Zufall den Leser einmal an Schleswig westliche Küste, so mag er selber forschen und erkunden, was Wahrheit und was Dichtung in unserer Erzählung vom ›Einsiedler auf der Hallig‹ ist.

Verfasser Hermann Hirschfeld

Über den Verfasser finden sich wenige und insbesondere widersprüchliche Angaben. Deshalb sei hier der Auszug aus einem Buch von 1913 genannt.

Der Kaufmannssohn Hermann A. Hirschfeld wurde am 27.11.1842 in Hamburg geboren. Früh verlor er seinen Vater und genoss eine hervorragende Erziehung durch die Mutter. Nach dem Besuch eines der besten Hamburger Bildungsinstitute war er ab 1858 selbst als Kaufmann tätig. Doch diese Zeit währte nicht lange, denn sein größtes Interesse galt der Literatur. Mit dem Zuspruch von Feodor Wehl und Robert Heller ging er bald der schriftstellerischen Tätigkeit, teils unter dem Pseudonym Walter Vogel, nach.

Gesundheitlich angeschlagen, lebte er einige Zeit in Italien, kehrte im Jahr 1877 nach Deutschland zurück, lebte zunächst in Wiesbaden und später, ab 1882 in Homburg vor der Höhe. Erst 1896 siedelte er nach Neu-Isenburg bei Frankfurt a. M., wo er im Jahr 1921 starb.

Die Liste von Werken aus der Feder Hermann Hirschfelds ist sehr umfangreich. Doch nicht in jedem Fall kann zweifelsfrei festgestellt werden, ob ggf. auch Namensgleichheiten existierten.

Mit Sicherheit können ihm jedoch mehrere Jugendschriften wie auch nachstehende Novellen, Romane und Erzählungen zugeschrieben werden.

Schriften (Auszug)

- 1868: Spätes Erkennen

- 1870: Karriere

- 1871: Novellen aus dem deutsch-französischen Kriege

- 1873: Der Einsiedler von der Hallig

- 1874: Die von der Rhön

- 1875: Schwindelnde Bahn

- 1876: Eine Prinzenwette

- 1876: Heimatlos

- 1881: Ein Thronerbe

- 1881: Vom Ahn zum Enkel. Ein Roman aus den Tagen der Medici

- 1882: Zäsarenfrevel

- 1885: Salonnovellen

- 1886: Die feindlichen Brüder

- 1887: Die Komödiantentoni

- 1890: Die Kompagnie des Königs

- 1891: Der Talisman des Inders

- 1892: Für die Jugend. Ausgewählte Erzählungen

- 1901: Einfache Leute

- 1903: Grandiers Sohn

- 1906: Ein böser Schwur

- 1906: Am Winterfeuer

- 1907: Die Fürstin von Mirandola

- 1908: Die Polenprinzessin / Die Stickerin von Mainz. 2 Historische Erzählungen

- 1909: Herrn Fersenfelds Testament / Der Ruf / Der falsche Bosko

- 1909: Wer? / Wohl geborgen

- 1910: Das Diadem des Goldschmieds und andere Erzählungen

- 1910: Maria und andere Erzählungen

Quelle: Brümmer, Franz: Lexikon der deutschen Dichter und Prosaisten vom Beginn des 19. Jahrhunderts bis zur Gegenwart. Bd. 3. 6. Aufl. Leipzig, 1913. S. 228.

Bekanntschaft mit . . .
Claudine Hirschmann

Claudine Hirschmann, Jahrgang 1970, wollte den Dingen stets auf den Grund gehen, begeisterte sich allerdings nicht nur für Wassersport, sondern absolvierte frühzeitig bereits eine Ausbildung in Schauspiel, Instrumentalmusik und klassischem Gesang. Ihr Studium gestaltete sich ebenso inter-  disziplinär, doch die Paläografie entwickelte sich bei ihr zu einer Leidenschaft.

Seit Ende der 80er Jahre hat sie ihren Platz in der Welt des Buches gefunden, wobei das Genre durchaus zwischen Lyrik, Belletristik und Sachbuch wechselte.

Staubige Archive, ggf. gar unter dem Dach eines Kirchturms, der gerade von einem Sturm eingehüllt ist, haben jedoch ihren eigenen Charme und für sie eine besondere Anziehungskraft.

Nachdem Hirschmanns Buchreihe »Auf historischen Spuren« bereits vor Jahren positiven Anklang fand, engagiert sich die Autorin seither als Paläografin und Archivarin sowie Herausgeberin, um Literatur vergangener Jahrhunderte zu erhalten und verständlich zugänglich zu machen. Wobei künftig Streifzüge in neuzeitliche Themen gar nicht ausgeschlossen sind.

Inzwischen lebt Claudine Hirschmann als freie Autorin in Leipzig sowie Köln.

Weitere Informationen zur Autorin und ihren Büchern erfahren Sie unter:

www.historisches-bucharchiv.de

Bildverzeichnis

Pixabay

Benn, Hans:
  Abb. 4

Falco:
  Abb. 3, 7

FotoRieth:
  Abb. 8

hallok:
  Abb. 11

Unbekannt:
  Abb. 2

Wietschorke, Georg:
  Titelblatt

Wikimedia Commons

David, Johann Marcus:
  Abb. 9

Happel, Eberhard Werner:
  Abb. 13

Jensen, Alfred:
  Abb. 10

Runge, Julius Ludwig Friedrich:
Abb. 12

Schmidt, Dirk (wp-cc 3.0):
Abb. 1

Stoltenberg, Fritz:
Abb. 5

Unbekannt:
Abb. 6